HEYNE BÜCHER

HEYNE KOCHBÜCHER

Edda Meyer-Berkhout

Das neue Einfrier-Handbuch

Verpacken, Einfrieren, Auftauen nach den modernsten Erkenntnissen

Originalausgabe

WILHELM HEYNE VERLAG
MÜNCHEN

HEYNE KOCHBUCH
07/4652

2. Auflage

Printed in Germany 1994
Umschlaggestaltung: Atelier Ingrid Schütz, München
Umschlagfoto: Studio L'Eveque, München
Zeichnungen und Grafiken: HEA, Frankfurt (Seite 13, 15, 21, 47);
AID, Bonn (Seite 10)
Satz: Schaber Satz- und Datentechnik, Wels
Druck und Bindung: RMO-Druck, München

ISBN 3-453-06328-7

INHALT

Einleitung

Tiefkühlen und Einfrieren von Lebensmitteln hat sich während der letzten Jahrzehnte immer mehr zur beliebtesten Methode der Nahrungsmittelkonservierung entwickelt. Durch ununterbrochenen, möglichst schnellen Wärmeentzug wird dabei das Gefriergut auf Temperaturen gebracht, bei denen sich Bakterien, Hefen und Schimmelpilze nicht mehr vermehren. Dadurch bleiben Vitamine, Nährstoffe, Konsistenz, Geschmack und Geruch der Nahrungsmittel in hohem Maße erhalten.
Ein jahrtausendealtes Problem des Menschen, nämlich für schlechte Zeiten Vorräte anzulegen, scheint damit gelöst zu sein.
Was hat man früher nicht alles versucht, um dem Verderben von Nahrungsmitteln Einhalt zu gebieten! Da wurde geräuchert und gepökelt, getrocknet und fleißig in Gläsern und Dosen sterilisiert. Aber das Resultat war nie für alle Nahrungsmittel gleichermaßen befriedigend.
Konservieren durch Kühlung ist im Prinzip schon lange bekannt. Im Altertum nutzte man unterirdische Keller, kalte Quellen, ja sogar Schnee. Im 16. Jahrhundert versuchten die Europäer, mit Hilfe von Salpetersalzen und Schnee Kälte für die Speiseeisherstellung zu erzeugen. 1861 wurden erstmalig Fische durch Kältemischungen konserviert.
Aber erst in den fünfziger Jahren dieses Jahrhunderts war es endlich soweit: Die ersten Kühl- und Gefriergeräte kamen auf den Markt. Heute haben bei uns an die 70% aller Haushalte ein eigenes Gefriergerät.
Seit 1960 steigt der Absatz an Tiefkühlkost in Deutschland stetig

um rund 10% pro Jahr. In Schweden und England ist der Verzehr von Tiefkühlprodukten doppelt so groß, in den USA sogar viermal so groß wie bei uns.

Wie funktioniert eigentlich diese Art der Haltbarmachung? Dazu gilt es, einige grundsätzliche Begriffe und Vorgänge zu klären.

Kühlen von Lebensmitteln erfolgt bei Temperaturen von über 0°C. Das ist bei der normalen Aufbewahrung von Lebensmitteln im Kühlschrank bei +6°C der Fall.

Beim *Gefrieren* oder *Einfrieren* von Lebensmitteln wird die Temperatur auf mindestens −5°C abgesenkt. Die längerfristige Lagerung sollte bei −18°C bis −22°C erfolgen. Erst in diesem Kältebereich bleibt die Qualität der Nahrungsmittel erhalten.

Unsere Lebensmittel bestehen zu 70 bis 75% aus Wasser, und nur das kann gefrieren. Beim Einfrieren gefriert zunächst das Wasser zwischen den Zellen. Da die Natur immer um Ausgleich bestrebt ist, gibt die Zelle nun Wasser an die Zellzwischenräume ab, um die Konzentration der dort nach der Eisbildung vorhandenen festen Stoffe auf das Niveau der Konzentration innerhalb der Zelle zu bringen. Je langsamer also beispielsweise ein Stück Fleisch gefriert, desto mehr Flüssigkeit gelangt aus der Zelle in den Zellzwischenraum. Die Zelle schrumpft dabei ein.

Während des Auftauens diffundiert ein Teil der ausgetretenen Flüssigkeit wieder in die Zelle zurück. Aber nicht alle Flüssigkeit kann wieder in die Zelle zurückwandern. Je langsamer ein Lebensmittel eingefroren wurde und je mehr Flüssigkeit damit aus der Zelle heraustrat, um so größer ist der spätere Saftverlust beim Auftauen.

Es tritt also beim Gefrierprozeß nicht, wie man früher annahm, eine mechanische Schädigung durch spitze Eiskristalle auf, sondern eine irreparable Schrumpfung der Zellen durch Wasserdiffusion. Wir müssen darum danach trachten, den Vorgang des Gefrierens möglichst zu beschleunigen.

Industrielle Tiefkühlung ist durch das sehr schnelle Erreichen von Temperaturen von −30°C bis zu −40°C gekennzeichnet. Dies ge-

schieht je nach Verfahren und Gefriergut in einer Zeit von 4 bis 60 Minuten. Solche Geschwindigkeiten und Kältegrade sind für die Qualität und Haltbarkeit ideal.
Als tiefgekühlt können daher vor allen Dingen industriell haltbar gemachte Lebensmittel bezeichnet werden. Die im Haushalt im eigenen Gefriergerät eingelagerten Waren werden als gefroren bezeichnet.
Um die Qualität von Tiefkühlprodukten zu erhalten, darf die Tiefkühlkette von der Produktion bis zum Verbrauch nicht unterbrochen werden. Das bedeutet eine konsequente Lagerung bei Temperaturen von mindestens –18 °C. Ferntransporter, regionale Kühlhäuser, Großhandelslager, Verteilerfahrzeuge sowie die Verkaufstruhen der Einzelhändler werden darum laufend überwacht. Angetaute, vielleicht sogar aufgetaute Ware, deren Verpackung beschädigt ist, findet heute gottlob keinen Käufer mehr. Truhen, die unsauber und vereist sind, sollten mit größter Skepsis betrachtet werden. Auf maximale Füllhöhe und regelmäßige Nachtabdeckung achtet jeder gute Kaufmann, der auf einen zufriedenen Kundenkreis Wert legt.
Wie steht es nun mit dem Gesundheitswert der Tiefkühl- und Gefrierkost?
Durch das sehr schnelle Gefrieren von Nahrungsmitteln bei sehr tiefen Temperaturen werden Zellulose und das schwer lösliche Vitamin A in einer für den menschlichen Organismus günstigen Form »voraufbereitet«. Damit wird zu einem Teil die Wirkung vorweggenommen, die wir mit dem Kochprozeß erreichen wollen und die bei der Verdauung fortgesetzt wird. Durch diese Vor-Aufbereitung wird die Kochzeit bei Tiefkühl- oder gefrorenen Produkten um mindestens ein Drittel der sonst üblichen Zeit verkürzt. Tiefkühlkost ist dadurch auch leichter verdaulich und somit für Diät- und Säuglingsnahrung besonders empfehlenswert. Hülsenfrüchte verlieren sogar teilweise ihre blähende Wirkung.
Vitamine bleiben bei der Lagerung in tiefgefrorenem Zustand weitgehend erhalten. Frisch geernteter und sogleich eingeforener

Spinat hat beispielsweise einen wesentlich höheren Vitamingehalt als solcher, der erst 24 Stunden nach der Ernte »frisch« in den Kochtopf wandert.

Verbleibender Vitamin C-Gehalt bei der Lagerung von tiefgefrorenem Spinat nach dem Blanchieren bei -18 °C

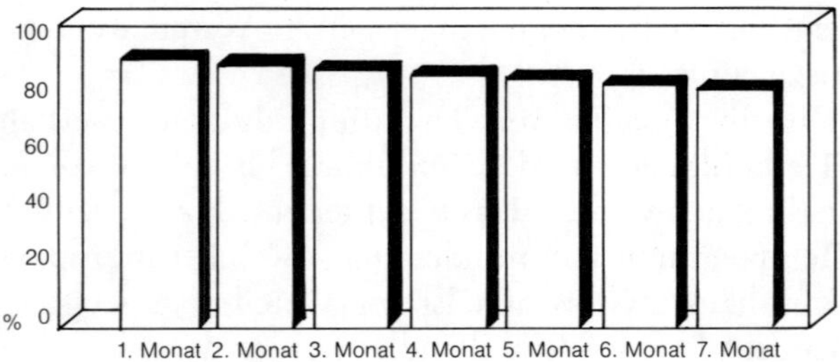

Verbleibender Vitamin C-Gehalt bei der Lagerung von frisch geerntetem Spinat bei +20 °C

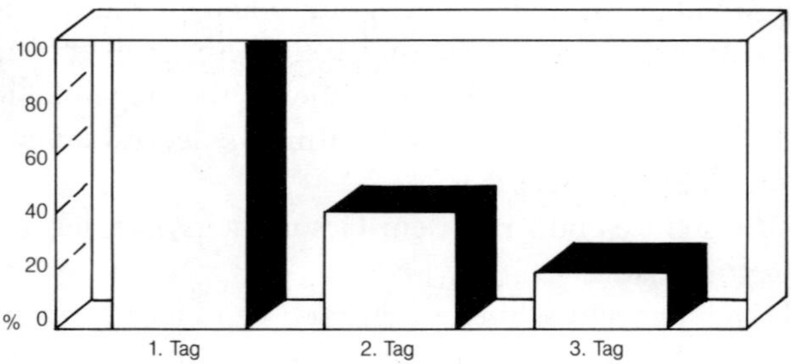

Quelle:
AID Verbraucher Dienst. Nährstoffverluste bei der haushaltsmäßigen Zubereitung von Lebensmitteln. Sonderdruck 1988, Dr. Antal Bognan, Stuttgart.

Außerdem werden durch sachgerechtes Gefrieren Trichinen, Finnen, Toxoplasmen, Sarkosporidien (Parasiten) und Nematoden abgetötet.
Mikroorganismen stellen bei tiefen Temperaturen ihr Wachstum ein, die meisten können allerdings den Gefrierprozeß überleben. Daher müssen gefrorene Lebensmittel stets unmittelbar nach dem Auftauen zubereitet und verzehrt werden.

Wissenswertes zum Thema Gefriergeräte

Wer unter den einigen hundert Geräten, die bei uns angeboten werden, wählen soll, hat es nicht ganz leicht. Da Gefriergeräte eine Lebensdauer von mindestens 10, oft sogar 25 Jahren haben, handelt es sich in der Regel um eine langfristige Anschaffung, die gut überlegt werden will. Die neuen Öko-Energiespargeräte sind äußerst sparsam im Verbrauch und daher auf Dauer besonders rentabel. In vielen Haushalten gibt es heute zwei Geräte.

Geräteauswahl

Die folgende **Checkliste** soll Ihnen helfen, sich über Ihre persönlichen Wünsche klarzuwerden. Die wichtigsten Auswahlkriterien werden ausführlich erläutert.

I. Gerätetypen

Gefriergeräte für den Haushalt werden in verschiedenen Ausführungen angeboten. Sie eignen sich sowohl zum längerfristigen Lagern industriell tiefgekühlter Kost als auch zum Selbsteinfrieren von Lebensmitteln, wofür Temperaturen von –18 °C und niedriger notwendig sind.
Gekennzeichnet werden sie mit einem 4-Sterne-Symbol:

Kühlgeräte mit Verdampferfach bieten eine unterschiedliche Kühlleistung, die durch Sterne gekennzeichnet wird. Aber Verdampferfächer mit weniger als vier Sternen reichen lediglich zum kurzfristigen Lagern industriell tiefgekühlter Ware, nicht zum Selbsteinfrieren aus. Nur das Verdampferfach mit 4 Sternen erreicht Temperaturen von –18 °C und niedriger und ist sowohl zum längerfristigen Lagern industriell tiefgekühlter Kost als auch zum Selbsteinfrieren geringer Mengen geeignet. Dabei müssen die alten Vorräte aber unbedingt durch eine Drahtbrücke von den einzufrierenden wärmeren Waren getrennt werden. Die neu einzufrierenden Lebensmittel sollten immer auf die von kälteführenden Rohrschlangen durchzogene Bodenfläche gelegt werden. Die bereits gefrorenen Lebensmittel liegen dann auf dem Rost in der Mitte des Fachs.

Bei *Kühl- und Gefrierkombinationen* ist ein Kühlgerät mit einem Gefrierschrank kombiniert. In der Regel sind die beiden Geräte übereinander in einem Gehäuse angebracht (siehe Abb. Seite 13). Für die Gefriergeräte im Rahmen solcher Kombinationen gelten dieselben Kriterien wie für Gefrierschränke.

Gefrierschränke sind übersichtlich und schnell zu bedienen. Die kältemittelführenden Rohrschlangen können sowohl entlang den Wänden als auch entlang den Regalfächern laufen. Die Abdeckplatte kann bei entsprechender Gerätehöhe als Arbeitsfläche benutzt werden. Auch kleine Personen können das Gerät gut bedienen. Gefrierschränke sind immer etwas teurer als gleichgroße Truhen. Der Kälteverlust beim Öffnen ist beim gefüllten Gerät mit geschlossenen Schüben kaum größer als bei einer Truhe. Da die Inneneinteilung übersichtlicher ist, kann das Gerät bequem und schnell be- und entladen werden. Der Energieverbrauch kann sogar bei guter Isolierung geringer als der einer gleich großen Truhe sein. Die Reinigung ist etwas langwieriger, aber bequemer, vor allem, wenn Sie ein Gerät mit glatten Wänden wählen.

Kühl-/Gefrierkombination

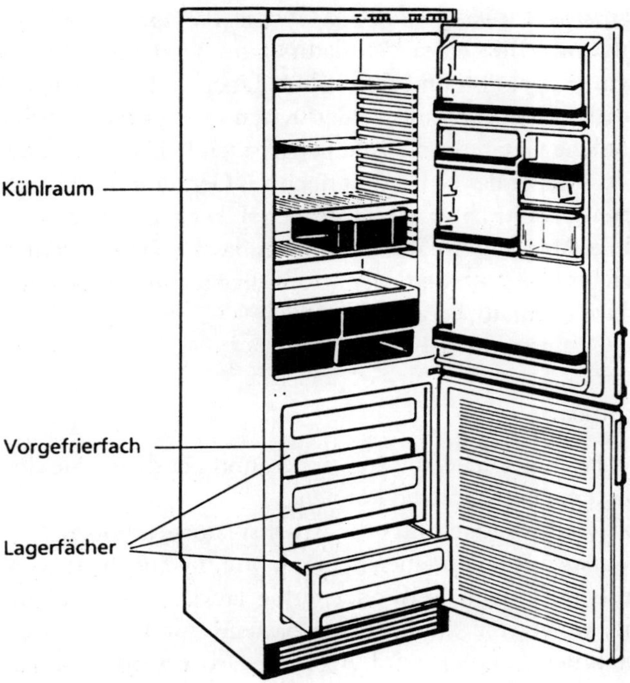

Gefriertruhen (siehe Abb. Seite 15) sind aufgrund der einfachen Konstruktion preiswerter. Manchmal ermöglichen sie eine günstige Eckraumnutzung in der Küche. Nach Herausnahme der Körbe kann das großflächige Gerät schnell gereinigt werden. Nachteilig sind die schlechtere Übersicht, die nicht ganz leichte Handhabung der Körbe und die etwas schwierige Reinigung des Bodens.

Bei *Gefriergeräten mit Umluft-Kältesystem* (No-Frost-Geräte) wird die Luft mit Hilfe eines Ventilators zum Verdampfer gebracht. Dort wird sie gekühlt und entfeuchtet. Über ein Kanalsystem wird sie als kalte, trockene Luft wieder in den Gefrierraum zurückgeleitet. Solche Geräte sind aus Supermärkten bekannt. Typisch für sie ist, daß weder das Gefriergut noch das Gerät mit Reif beschlägt und vereist. Dadurch wird eine größere Übersichtlichkeit ermöglicht. Das Abtauen entfällt, doch muß das Gerät trotzdem gelegentlich gereinigt werden. Der Stromverbrauch ist wegen des zusätzlichen Ventilators etwas höher.

II. Bauformen

Standgeräte sind solche, die frei stehen und bei denen Sie die Arbeitsplatte meistens nutzen können.
Unterbaugeräte werden unter die Arbeitsplatte geschoben.
Einbaugeräte werden in einen Schrank bündig eingebaut.
Die Fronten können weiß oder farbig lackiert sein. Dekorfähig sind sie, wenn eine dünne Platte passend zur Küche in einem Dekorrahmen montiert wird. Als integrierbar werden Geräte bezeichnet, deren Front mit einer Schranktür von ca. 2,5 cm Stärke passend zur Küche verbunden werden kann.

Gefriertruhe

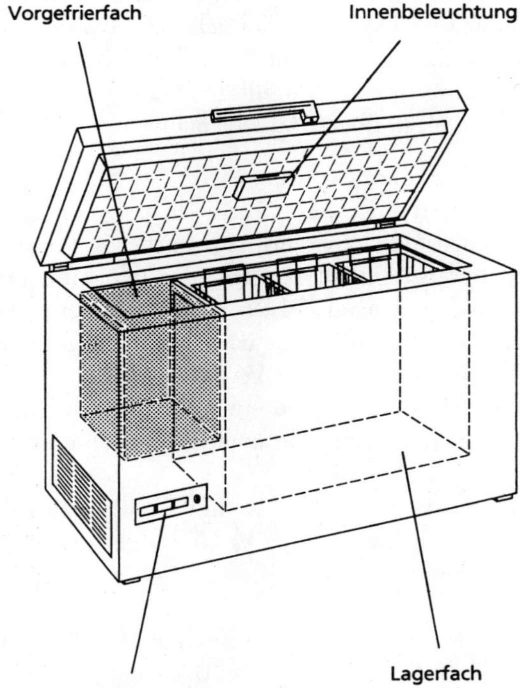

III. Grösse

Wichtig für die Kaufentscheidung ist die Größe.
Bei Geräten für die Küche liegen die Maße bei 45 bis 120 cm Breite und 63 bis 200 cm Höhe. Truhen für den Keller können noch größer sein. Unterbaugeräte sind in der Regel 82 cm hoch. Standgeräte weisen eine Höhe von 85 cm auf, die oft zusätzlich regulierbar ist. Das ist bei unebenen Böden praktisch.
Außerdem muß man bei kleinen Küchen den Raumbedarf beim Öffnen von Tür und Deckel berücksichtigen. Bei der Tiefe sind sowohl die Maße des Geräts als auch der Wandabstand wichtig.
Auch an den Transport zum endgültigen Standplatz denken! Kellertreppen bieten oft unüberwindliche Schwierigkeiten.

IV. Volumen

Das Volumen eines Gefriergerätes wird immer in Litern angegeben. Unter dem Bruttoinhalt versteht man den Innenraum einschließlich Zwischenablagen, Tabletts, Schüben oder Körben und Trennwänden. Unter dem Netto- oder Nutzinhalt versteht man den tatsächlich für Gefriergut zur Verfügung stehenden Raum.
Gefriertruhen gibt es zwischen 100 und 600 l Nutzinhalt. In einer 100-l-Truhe können je nach Volumen des Gefriergutes insgesamt 75 bis 85 kg eingelagert werden.
Gefrierschränke haben zwischen 50 und 450 l Nutzinhalt. In einem 100-l-Schrank haben 65 bis 75 kg Gefriergut Platz.
Gefrierteile in Kombigeräten werden mit 50 bis 150 l Nutzinhalt angeboten.
Für eine Person rechnet man im städtischen Haushalt mit einem Bedarf von 50 bis 80 l Gefrierraum. Bei Berufstätigen, die nur einmal monatlich einen größeren Einkauf durchführen, bei Gartenbesitzern oder Jägern ist mit 120 bis 150 l pro Person zu rechnen.
Erfahrungsgemäß wird fast jedes Gefriergerät, mag es anfangs auch noch so groß erscheinen, nach ein bis zwei Saisonen als zu klein empfunden. Denn je mehr Erfahrung man mit Tiefkühl-

und Gefrierprodukten hat, desto größer wird das Bedürfnis, das Sortiment zu erweitern.
Viele Geräte arbeiten mit Hochleistungskompressoren, so daß ein Vorgefrierfach nicht mehr benötigt wird. Es kann direkt eingefroren werden, die Lebensmittel brauchen nicht mehr umgepackt zu werden. Sonst wird das Volumen des Vorgefrierraums gesondert angegeben (siehe auch Gefriervermögen, Seite 19).

V. Klimaklasse

Klimaklasse N ist für das normale mitteleuropäische Klima (Umgebungstemperatur +16 bis +32 °C) angelegt. Nur in sehr heißen Zonen sind Geräte mit Klasse ST, die eine Umgebungstemperatur bis zu +38 °C vertragen, ratsam. Für die Tropen werden Spezialgeräte gefertigt.

VI. Ausstattung

Die Mehrzahl der Kühl- und Gefrierschränke wird mit Türen gefertigt, die wahlweise rechts oder links angeschlagen werden können.
Praktisch sind Geräte, die mit Rollen ausgestattet sind.
Die Isolierung von Geräten schwankt zwischen 35 und 110 mm Stärke. Polyurethanschaum von 2,5 cm Stärke entspricht einer 5 m dicken Betonwand. Je stärker die Isolierung, um so geringer der Stromverbrauch. Der FCKW-Gehalt der Isolierungsschicht wird mehr und mehr reduziert. Inzwischen werden auch Geräte ohne FCKW-haltige Isolierung hergestellt, die aber einen höheren Stromverbrauch haben. Auch bei den Kühlmitteln kann neuerdings auf FCKW verzichtet werden.
Wenn zweitürige Kühl-Gefrier-Kombinationen mit zwei Aggregaten ausgestattet sind, können der Kühl- und der Gefrierschrank unabhängig voneinander in Betrieb genommen werden.
Wenn Verflüssiger und Verdampfer eingeschäumt sind, wird die

Sauberhaltung erleichtert und der Energiebedarf und der Lärmpegel werden reduziert.
Lediglich Geräte mit Umluft-Kältesystem (No-Frost-Geräte) tauen automatisch ab. Bei allen anderen sollte der Tauwasserablauf während des Reinigungsprozesses leicht zugänglich sein. Truhen werden oft mit entsprechenden Auffangschalen oder Schubladen für Tauwasser angeboten.
Der Deckel der Truhe muß gegen selbsttätiges Zuklappen gesichert und die Türaufhängung muß stabil sein. Truhen sollten unter Umständen abschließbar, in jedem Fall aber mit einer Innenbeleuchtung ausgestattet sein.
Die Anzahl der Fächer im Innenraum ist für die Übersichtlichkeit mitbestimmend. Beachten Sie aber die Maße. Wenigstens ein Fach sollte so hoch sein, daß auch eine sehr sperrige Gans gelagert werden könnte.
Körbe und Schübe müssen kippsicher und arretierbar sein. Sie werden aus galvanisiertem oder plastiküberzogenem Draht, besser mit Plastikfronten oder ganz aus Kunststoff gefertigt. Das Material sollte stabil genug sein, um den Belastungen des Gefriergutes standzuhalten. Wenn die Gitterstäbe von Körben durchhängen, können sie unter Umständen das Gefriergut des darunterliegenden Schubfaches beim Herausziehen beschädigen.
Die oberen Fächer hoher Schränke sollten der leichteren Bedienbarkeit wegen nicht mit Schüben, sondern mit Klappen oder Türen versehen sein. Eine Numerierung oder Kennzeichnung der einzelnen Körbe oder Schübe, eventuell noch zusätzliche Angaben über die Haltbarkeit des Gefrierguts, vereinfachen die schnelle Bedienung. Besonders bei Truhen ist es wichtig, daß es genügend Körbe gibt, die eine bessere Handhabung und Übersicht gewährleisten.
Bei hochwertigen Gefrierschränken können durch waagrechte Anordnung der Verdampferplatten alle Körbe oder Schübe sowohl zum Gefrieren als auch zum Lagern von Gefriergut dienen. Trotzdem muß man darauf achten, daß bereits gefrorenes Gut

nicht mit frischer Ware in Berührung kommt. Wenn die Menge des Gefriergutes in einem Haushalt großen Schwankungen unterliegt, bewährt sich ein Gerät, bei dem durch das Einschieben einer Isolationsplatte einzelne Schübe zeitweise abgeschaltet und somit Volumen und Energieverbrauch verringert werden können.
Ein Vorgefriertablett ist ideal zum Gefrieren von Beerenobst, Zwetschgen, Apfel- oder Birnenschnitzen, Gulasch, kleinen Hackfleischbällchen oder Kräutern. Die Qualität verbessert sich durch die rasche Gefriergeschwindigkeit, die Nahrungsmittel kleben nicht aneinander. Das hat den Vorteil, daß sie dann, wenn sie gefroren sind, in Behälter verpackt und später auch einzeln entnommen werden können.
Verschließbare Eiswürfelschalen gehören fast immer zur Standardausstattung.
Reservekälteakkus, die von den Geräteproduzenten angeboten werden, haben eine wesentlich höhere Kühlleistung als preiswerte Kaufhausakkus. Sie sind außerdem genau auf die Maße der Gefriergeräte abgestimmt. Sie können Sie beim Einkaufen in Isolierboxen mitnehmen. Bei Stromausfall und beim Reinigen halten sie die Temperatur des Kühlguts niedrig.

VII. Gebrauchseigenschaften

Unter *Gefriervermögen* versteht man die Menge an Gefriergut, die innerhalb von 24 Stunden eingelagert werden darf.
Erfahrungsgemäß liegt hier die häufigste Fehlerquelle bei der Bedienung der Gefriergeräte. Bedenkenlos füllen viele Hausfrauen ihre leeren Truhen auf einmal mit einer weit überhöhten Menge an Gefriergut. Der Gefrierprozeß wird dadurch verzögert. Das Resultat sind Gefrierprodukte, aus denen der Saft heraussickert. Alle bei uns angebotenen Gefriergeräte müssen gemäß DIN mindestens 7 kg Gefriergut innerhalb der ersten 24 Stunden aufnehmen. Gut zu wissen: Wenn pro 100 l Nutzinhalt 6 kg Gefriergut eingefroren werden können, so sollte dies möglichst in drei Por-

tionen in Zeitabständen von 8 Stunden erfolgen. 24stündige Pausen zwischen den Einlagerungen sind vorteilhaft.
Die *Lagerzeit bei Störung* wird in Stunden vermerkt. Sie bezieht sich auf den Temperaturanstieg von –18 °C auf –9 °C. Einerseits hängt sie von der Isolierung, andererseits vom Vorhandensein zusätzlicher Kälteakkus ab. Sie ist bei schwach gefüllten Geräten kürzer als bei sehr gut gefüllten.
Das *Abtauverfahren* kann von Hand, teilautomatisch oder vollautomatisch erfolgen. Die vollautomatischen No-Frost-Geräte haben einen etwas höheren Energieverbrauch. Das Gefriergut beschlägt aber nicht und der Reifansatz entfällt, weil die Luftfeuchtigkeit gebunden wird. No-Frost-Geräte sind, weil übersichtlicher, schneller zu bedienen.
Die analoge oder digitale *Temperaturanzeige,* innen oder außerhalb des Geräts, erfolgt durch ein fest eingebautes oder einfach eingelegtes Thermometer. Die meisten Geräte sind heute mit Schaltern für die Einstellung der Lagertemperatur und für Dauerbetrieb (»Super-/Schnellgefrieren«) ausgestattet (siehe Abb. Seite 21). Aus Sicherheitsgründen sollte die Anzeige im oberen Gerätebereich angebracht sein. Beim Regelbetrieb leuchtet außen eine grüne Lampe auf. Bei Dauerbetrieb, also wenn eine Kältereserve geschaffen wird oder ein Einfriervorgang stattfindet, leuchtet die Lampe gelb auf. Schränke und Truhen werden auch mit akustischen und optischen Warnsystemen (Tonwarner, rote Lampe) angeboten. Für Geräte, die im Keller stehen, sind akustische Warnsysteme oder eine Fernkontrolle sehr praktisch. Wichtig ist auch, daß die Kontrolleinrichtungen (Warnleuchten) übersichtlich angebracht sind, so daß man leicht überblicken kann, ob das Gerät richtig funktioniert.
Die meisten der heute angebotenen Gefriergeräte verfügen über eine *elektronische Steuerung* (Super-Frost-Automatik), die ein Höchstmaß an Sicherheit für das kostbare Gefriergut bietet. Genau und zuverlässig wird die erforderliche Lager- und Gefriertemperatur durch ein spezielles »Fühl-Denk-System« geregelt

Bedienblenden von Gefriergeräten

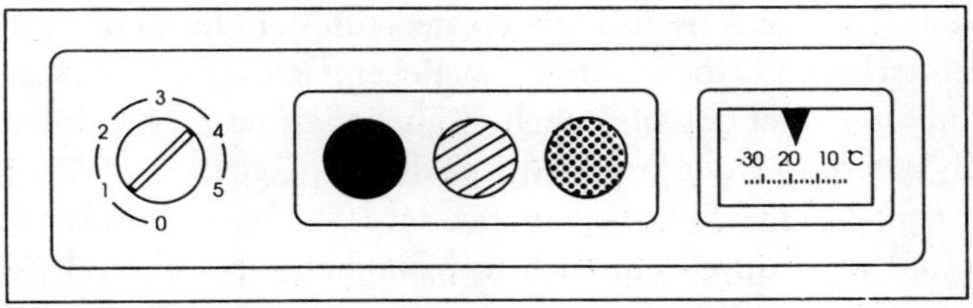

Temperatur-
wähler

Temperatur-
anzeige

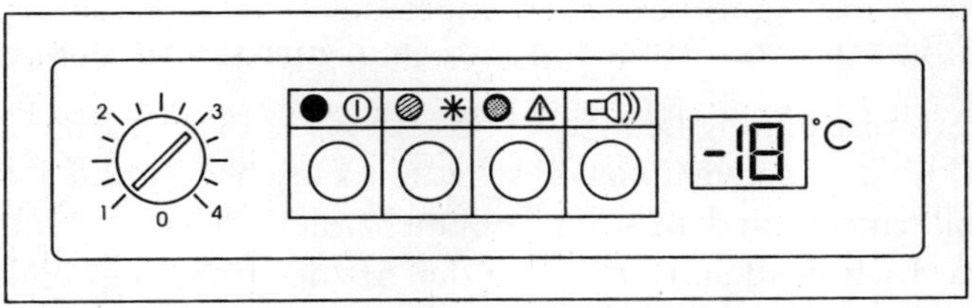

Betriebsanzeige

Dauerbetriebsanzeige

Anzeige, warnt bei Temperaturanstieg ab etwa -15 °C

Türtonwarner

und unabhängig von der Außentemperatur konstant gehalten. Ein präzise arbeitender Fühler ertastet die Temperatur des Gefriergutes. Wird frisches Gefriergut in ein Gerät mit Vorgefrierabteil gelegt, so schaltet die Elektronik sofort vollautomatisch auf Gefrieren. Ist die frische Ware dann durchgefroren, schaltet die Elektronik wieder automatisch auf den stromsparenden normalen Regelbetrieb um. Witterungsbedingte Temperatur- und Luftdruckveränderungen beeinflussen die Elektronik nicht. Die elektronischen Bauteile des Thermostats arbeiten stets mit der gleichen Präzision und unterliegen keinem Verschleiß. Bei einfachen Geräten wird die Kältereserve oder der zusätzliche Kältebedarf zum Neueinfrieren durch Betätigung der Superfrostschaltung geschaffen.
Eine *Frost-Control-Sicherheitsanzeige* in der Tür oder an der Truhenwand zeigt durch ein Farbstoffröhrchen, ob während Zeiten längerer Abwesenheit die nötige Gefriertemperatur immer eingehalten wurde.

VIII. Elektrischer Anschluss und Sicherheitsbestimmungen

Die Stromspannung beträgt bei uns 220 bis 240 V. Der Anschlußwert der angebotenen Geräte schwankt zwischen 75 und 300 W. Er sollte nicht mit dem Stromverbrauch innerhalb von 24 Stunden verwechselt werden. Der ist von der Art der Isolierung und der Geräteausstattung abhängig.
Für die Benennung als Normal-Gefriergerät, Energiespar-Gefriergerät oder als Öko-Superspar-Gerät gibt es derzeit noch keine Normen.
Das VDE-Zeichen garantiert, daß alle elektronischen Teile betriebssicher sind.
Alle Markengeräte sind funkentstört.

IX. Gebrauchsanweisung und Kundendienst

Bitte lesen Sie die Gebrauchsanweisung sorgfältig, um alles über das Gerät, den Kundendienst und die Garantie zu erfahren. Für die Garantie sind der Stempel der Verkaufsfirma und das Verkaufsdatum nützlich.

X. Preis

Der Preis spielt natürlich beim Kauf eine wesentliche Rolle. Bedenken Sie aber bitte auch die Kosten für den laufenden Unterhalt.

Je geringer der Ausnutzungsgrad und je seltener das Gefriergut umgeschlagen wird, um so höher sind die laufenden Kosten pro kg Gefriergut. Sie können beispielsweise bei 12monatiger Lagerung und hohem Energieverbrauch (schlecht isolierte Kleinstgeräte) rund 1,50 DM ausmachen. Bei großen Geräten und gleicher Umschlagsgeschwindigkeit sinken die Kosten auf nur $^1/_{10}$ dieses Wertes.

Aufstellen des Geräts

Überlegen Sie vor dem Kauf Ihres Gerätes, wo es aufgestellt werden soll. Truhen können im Keller, im Abstellraum, in der Speisekammer oder notfalls in der Garage plaziert werden.

Ungünstig für alle Gefriergeräte sind Standorte mit starker Sonneneinstrahlung oder in der Nähe von Herden, Backöfen oder Heizkörpern. Denn je niedriger die Umgebungstemperatur ist, um so geringer ist der Stromverbrauch. Wenn der Stromverbrauch bei 25 °C 100% beträgt, so sinkt er bei 20 °C Umgebungstemperatur auf 81% und bei 15 °C Umgebungstemperatur auf 63%.

Unter Umständen muß man durch Platten aus Kork oder Styropor die Geräte zusätzlich isolieren.

Wegen der Abluftwärme sollten Gefriergeräte auch nicht neben den Weinvorräten stehen. Für ausreichende Belüftung muß Sorge getragen werden.

Neue Geräte muß man vor der ersten Benützung auswaschen und trocknen.

Abtauen, Reinigen und Pflegen

Je kürzer und seltener Gefriergeräte geöffnet werden und je sorgfältiger das Gefriergut verpackt wurde, um so geringer ist der Reifansatz. Systematisches Einlagern verkürzt die Öffnungszeiten.
2 mm Reif steigern die Stromkosten um 10 %, 5 mm Reif steigern sie um 30 %, 1 cm Reif erfordert 75 % mehr Energie.
Rasche Reifbildung, besonders in der Nähe von Deckel oder Tür, läßt darauf schließen, daß das Gerät zu oft und zu lange geöffnet wurde oder nicht gut schließt.
Von Zeit zu Zeit muß der Reif mit einem Reifschaber aus Kunststoff (Autoscheibenkratzer) oder Holz entfernt werden. Zum Auffangen vom Reif zuvor ein Geschirrtuch einlegen!
Zwei- bis dreimal jährlich ist eine gründliche Reinigung erforderlich, bei No-Frost-Geräten mindestens einmal. Reinigen Sie das Gerät, wenn es relativ leer ist.
Zuerst wird das Kühlgut über Nacht durch die Superfrostschaltung zusätzlich herabgekühlt. Erst am folgenden Morgen die Stromzufuhr unterbrechen. Das Gefriergut wird eng aneinander in Körbe gelegt, die zuvor dick mit Zeitungen oder Frotteetüchern ausgekleidet wurden. Die Oberfläche durch Kälteakkus, Zeitungen und eine zusätzliche Wolldecke isolieren. Ein Teil kann auch in einem auf starke Kühlung gestellten Kühlschrank gelagert werden.
Durch zwei bis drei Schüsseln mit heißem Wasser, die in das Gefriergerät gestellt werden, kann der Abtauvorgang wesentlich beschleunigt werden. Mit saugfähigen Handtüchern das Tauwasser auffangen oder nach Herausziehen des Stöpsels in eine Auffangschale ablaufen lassen. Wenn die Eisplatten etwas angetaut sind, lassen sie sich ablösen und herausnehmen. Nun das Gerät gründlich mit einer Spülmittellösung auswaschen. Unangenehmen Geruch durch 50 %ige Essiglösung beseitigen.
Wichtig ist das sorgfältige Austrocknen, am besten mit einem

saugfähigen, weichen Frotteetuch, weil sich sonst gleich wieder Reif bildet.
Dann das Gerät ohne Inventar schließen und auf maximale Gefrierleistung schalten. Ist die Innentemperatur auf –18 °C gesunken, wird das Gerät wieder systematisch mit den Körben mit der Gefrierware beschickt. Erst am folgenden Tag den Schalter »Super-/Schnellgefrieren« wieder auf normal schalten.
Nie am Reinigungstag neue Ware einfrieren.
Einmal jährlich den hinter dem Gerät liegenden Verdichter, den Verflüssiger und die Schutzgitter absaugen.
Nach ca. 10jähriger Betriebszeit muß man Regler und Relais des Gefriergeräts sicherheitshalber überprüfen lassen. Aber eigentlich ist es dann ohnehin an der Zeit, ein den veränderten Verhältnissen entsprechendes und dem technischen Fortschritt Rechnung tragendes neues Gerät anzuschaffen.

Verhalten bei Betriebsstörungen, Stromausfall und Wohnungswechsel

Wer den Stecker seines Gefriergeräts durch kreuzweise darübergeklebte farbige Klebestreifen und ein zusätzliches Schild

»Achtung: Gefriergerät!
Bitte den Stecker nicht herausziehen!«

markiert, braucht nicht zu fürchten, daß der Sohn oder Ehemann wegen Inbetriebnahme der Bohrmaschine die Stromzufuhr unterbricht und den kostbaren Inhalt des Geräts dem Verderb preisgibt.
Bei Betriebsstörungen vergewissern Sie sich zuerst,

- ob die Sicherungen in Ordnung sind,
- ob die Steckdose funktioniert (eventuell mit Fön oder einem anderen Kleingerät probieren),

- ob der Stecker richtig eingesteckt ist,
- ob die Schalter in richtiger Position sind oder
- ob vielleicht nur eine Lampe defekt ist.

Erst dann den Reparaturservice benachrichtigen.
Falls eine Stromabschaltung vorher angekündigt wird, schaffen Sie zweckmäßig durch Einschalten von »Super-/Schnellgefrieren« eine Kältereserve. Meist bestehen solche Stromausfälle nur kurzfristig.
Sollte tatsächlich der Strom einmal für längere Zeit ausfallen oder sollte das Gerät defekt sein, dann das Gefriergerät möglichst nicht öffnen. Die Isolierschicht des Gerätes und die Kälteakkus sind so gut und die Produkte haben eine so große Kältereserve, daß erfahrungsgemäß die Temperatur nur um maximal 0,5°C pro Stunde steigt.
Bei langfristiger Störung legt man alle 24 Stunden pro 100 l Geräteinhalt 1,5 kg Trockeneis ein. Trockeneis nur mit Handschuhen anfassen und direkten Kontakt mit Lebensmitteln vermeiden. Die Bezugsquellen für Trockeneis können Sie aus den gelben Seiten des Telephonbuchs ersehen.
Sollte der Stromausfall längere Zeit dauern und der Inhalt des Gefriergerätes an- oder aufgetaut sein, so gelten folgende Regeln:

- Aussehen und Geruch sind in erster Linie maßgebend für die Verwertung oder Vernichtung.
- Schlecht riechende oder verdorbene Lebensmittel sowie an- oder aufgetautes Speiseeis und Babynahrung auf keinen Fall wieder einfrieren oder konsumieren, sondern vernichten.
- Rohes Hackfleisch, Wurstwaren, Innereien, Geflügel, Fleisch und Fisch vernichten, wenn Zweifel an der Frische bestehen. Falls an- oder aufgetaut, aber noch frisch riechend, sofort zu Speisen verarbeiten und verzehren. Notfalls fertig zubereitete Speisen wieder einfrieren.
- Früchte mit Zucker oder Zuckerlösungen einmal aufkochen, abkühlen, verbrauchen oder portionsweise gefrieren.

- Gemüse verbrauchen oder, soweit noch Eis im Paket, wieder gefrieren. Kräuter wieder gefrieren, jedoch verlieren sie Aroma.
- Brot, Kuchen, Gebäck und Teige wieder gefrieren.
- Buttercreme- und Sahnegebäck sogleich verzehren, soweit sie noch frisch riechen. Sonst vernichten.
- Fertiggerichte möglichst verbrauchen. Soweit noch ein harter gefrorener Kern vorhanden ist, zur Not nochmals einfrieren, jedoch bald verwerten.

Der Schrank- oder Truheninhalt kann auch versichert werden.
Bei einem Wohnungswechsel sollte man die Vorräte rechtzeitig reduzieren, denn ein vollgefülltes Gerät ist sehr schwer. Rechtzeitig die neue Anschlußmöglichkeit klären. Vor dem Transport durch Einschalten von »Super-/Schnellgefrieren« oder Trockeneis Kältereserven schaffen. Das Gerät als letztes in den Möbelwagen einladen und bei langen Wegstrecken zwischendurch am Rastplatz neu aufladen. Das Gerät als erstes ausladen und sogleich anschließen.

Entsorgen

Wegen des FCKW-Gehalts ist die ordnungsgemäße Entsorgung von Altgeräten eine ernstzunehmende Pflicht. Am besten setzen Sie sich deswegen mit Ihrem Elektrohändler oder der Gemeinde in Verbindung. Türschlösser müssen zur Vermeidung von Unfällen unbedingt zuvor entfernt werden.

Wissenswertes zum Einfrieren von Lebensmitteln

Blanchieren

Gefriergemüse und einige Obstarten müssen ähnlich wie zum Einkochen vorbereitet werden. Zuerst putzen, dann waschen und erst dann etwas zerkleinern, damit möglichst wenig Vitamine und Nährstoffe durch den Abfluß davonfließen.
Mikroben und Enzyme, die normalerweise nach der Ernte fortwirken und zuerst die volle Reife und Aromabildung, später aber auch Fäulnisbildung hervorrufen, müssen in ihrer Aktivität begrenzt werden. Das geschieht durch sorgfältiges Blanchieren. Es erhält Farbe, Aroma, Konsistenz und Vitamine. Unblanchiertes Gemüse würde schon nach wenigen Tagen weich und musartig werden, und alle Vitamine würden innerhalb kurzer Zeit abgebaut. Zwar werden auch durch das Blanchieren 10 bis 20% der Vitamine zerstört, aber dieser Verlust wird durch die spätere kürzere Garzeit wieder ausgeglichen. Durch die mit dem Blanchieren verbundene Luftverdrängung wird außerdem ein besserer Luftabschluß in den Verpackungen erreicht.
Übrigens: Durch das mehrmalige Eintauchen in Wasser beim Blanchieren werden obendrein Ablagerungen von schädlichen Pflanzenschutzmitteln entfernt und der Nitratgehalt wird reduziert.
Bitte führen Sie das Blanchieren exakt durch. Wer zu lange blanchiert, nimmt den späteren Garprozeß vorweg, das Gemüse

schmeckt dann aufgewärmt und hat weniger Vitamine und Mineralstoffe.

Nicht blanchiert werden Gurken, Kräuter, Meerrettich, Paprikaschoten, Pilze, Tomaten und Zucchini.

Am einfachsten blanchiert man kleine Portionen mit Hilfe des Mikrowellengerätes. Das vorbereitete, zerkleinerte Gemüse in Portionen von jeweils 250 g in einen Gefrierbeutel geben und locker zubinden. Bei höchster Leistungsstufe je nach Struktur des Gemüses $\frac{1}{2}$ bis $1\frac{1}{4}$ Minuten erhitzen. Dann den Beutel für die gleiche Dauer in Eiswasser geben.

Portionen zwischen 250 g und 500 g werden mit 2 bis 3 EL Wasser in ein Gefäß mit Deckel gegeben und auf Höchststufe erhitzt. Die Blanchier- und Abkühlzeiten verdoppeln sich.

Bei großen Portionen werden 5 Liter Wasser in einem großen Topf auf dem Herd zum Kochen gebracht.

Das vorbereitete Gemüse wird in Portionen von jeweils 500 g geteilt und portionsweise in einen Blanchierkorb aus Aluminium oder rostfreiem Stahl gegeben. Wer nur ab und zu blanchiert, kann sich ohne weiteres mit blitzsauberen Geschirrtüchern behelfen. Das Arbeiten mit diesen Tüchern geht sogar schneller, denn man kann mehrere Partien gleichzeitig vorbereiten und braucht das Gemüse nicht zwischendurch umzufüllen. Die Form paßt sich jeder Topfgröße an.

Das Wasser muß sprudelnd kochen. Spätestens 1 Minute, nachdem das Gemüse in diese große Wassermenge gegeben wurde, muß es erneut kochen, sonst ist die Hitze oder Wassermenge zu gering bzw. die Gemüsemenge zu groß. Mit starker Hitze kochen!

Die Blanchierzeit beginnt mit dem Eintauchen in das kochende Wasser und muß mit dem Kurzzeitmesser genau gemessen werden. Als Richtzeiten gelten folgende Werte:

$1\frac{1}{2}$ Minuten	Spinat
2 Minuten	Chicorée, Erbsen, geschnittener Weißkohl, Wirsing

3 Minuten	Blumenkohlröschen, Bohnen, Endivien, Grünkohl, Kohlrabi, Lauch, Möhren, Rosenkohl, Rotkohl, Spargel
4–5 Minuten	Dicke Bohnen, Fenchel, Schwarzwurzeln, Sellerie
6–8 Minuten	Artischocken, ganzer Blumenkohl, Maiskolben

Die spätere Garzeit wird durch Blanchieren um ein gutes Drittel verkürzt.

Bei allen hellen Gemüsearten, z.B. Artischocken, Auberginen, Blumenkohl, Chicorée, Schwarzwurzeln und Sellerie, sowie bei Äpfeln und Birnen wird dem Blanchierwasser Ascorbinsäure (Vitamin C) oder Zitronensäure (1–2 g auf 5 l) zugesetzt. Durch diesen Zusatz werden Farbe, Geruch und Geschmack besser erhalten. Ascorbinsäure gibt es in Pulverform in Apotheken und Drogerien.

Das Blanchierwasser kann 10 bis 15mal wiederverwendet werden, auch für verschiedene Gemüsesorten. Immer erst weiße Gemüse, dann grüne oder rote Sorten verarbeiten. Eventuell verkochtes Blanchierwasser ergänzen und stets sprudelnd kochen lassen.

Genau so wichtig wie das exakte Blanchieren ist das anschließende Abkühlen in Eiswasser. Man gibt dafür gefrorene Kälteakkus oder Eis, das man zuvor in einem verschlossenen Behälter im Gefriergerät bereitet hat, in eine große Schüssel mit kaltem Wasser und taucht dann das Gemüse hinein.

Je schneller das Gemüse nach dem Blanchieren abkühlt, desto besser. Das Gemüse muß innen ganz kalt sein, sonst wird es weich und musartig. In der Regel rechnet man zum Abkühlen dieselbe Zeit wie zum Blanchieren.

Vor dem Verpacken soll das Gefriergut auf frischgewaschenen, trokkenen Geschirrtüchern oder auf Küchenkrepp gut abtropfen.

Wer später Einzelportionen entnehmen möchte, sollte das Gemüse nach dem Blanchieren und Abkühlen zunächst auf einem mit Aluminium belegten Blech oder dem Gefriertablett plattengefrie-

ren und erst dann verpacken. Dadurch klebt das Gefriergut nicht aneinander.
Gurkenscheiben für Salat, Kräuter und Suppengemüse werden unblanchiert zunächst plattengefroren. Da sie nicht aneinander kleben, tauen sie später um so schneller auf.
Pilze werden wie üblich vorbereitet, mit dem Saft einer Zitrone pro 500 g Pilze beträufelt und ebenfalls zunächst plattengefroren.

Glacieren

Große, ganze Fische und ganze Gurken müssen glaciert werden. Der Fisch oder die Gurken werden dafür unverpackt für 2 bis 3 Stunden in das Vorgefrierfach gegeben. Dann werden die Lebensmittel zwei- bis dreimal in Abständen von 10 Minuten in eisgekühltes Wasser getaucht. Dazu füllt man ein hohes schmales Gefäß mit Wasser und Eis. Bei fettreichen Fischen gibt man außerdem Ascorbinsäure (5 g oder 1 TL pro Liter) hinzu. Zwischenzeitlich immer wieder gefrieren.
Dadurch bildet sich ein dünner, schützender Eisfilm, Feuchtigkeit und Aroma können nicht entweichen. Erst dann luftdicht in Folie verpacken.

Verpacken

Es ist allgemein bekannt, daß Nahrungsmittel, die unverpackt aufgehoben werden, schon nach wenigen Stunden austrocknen. Pudding bekommt eine Haut, die Oberfläche von Nudeln, Reis und Kartoffeln wird hart, Obst und Gemüse werden welk und schlaff, Brot, Kuchen und Gebäck werden trocken. Dieser Vorgang des Eintrocknens feuchtigkeitshaltiger Nahrungsmittel wird bei tieferen Temperaturen eher beschleunigt als verlangsamt. Will man Lebensmittel im Gefriergerät aufheben, ist also eine sorg-

fältige Verpackung unumgänglich. Dabei soll möglichst jegliche Luft ausgeschlossen werden, so daß gleichzeitig eine Geruchs-, Geschmacks- und Bakterienübertragung verhindert wird.
Bei langfristiger Lagerung von unverpackten Lebensmitteln bei Temperaturen von weniger als 0 °C entsteht *»Gefrierbrand«*. Die Feuchtigkeit tritt aus den Lebensmitteln aus. Die Nahrungsmittel werden zäh, trocken und für den menschlichen Verzehr wertlos. Besonders anfällig sind Geflügel und Fleisch. Nach 6 Monaten kann bei Fleisch ein Feuchtigkeitsverlust von bis zu 20% entstehen. Vorschriftsmäßig verpackte Ware erleidet hingegen überhaupt keinen Gewichtsverlust.
Darum alle Nahrungsmittel sorgfältig verpacken. Die Mühe, die Sie sich beim Verpacken machen, trägt wesentlich dazu bei, Qualität und Geschmack des Gefriergutes zu erhalten.

Das **Verpackungsmaterial**

- muß lebensmittelecht sein.
- muß kältebeständig sein. Es darf nicht bei Temperaturen bis zu –40 °C spröde oder porös werden oder sogar brechen.
- darf weder Sauerstoff noch Feuchtigkeit oder Aroma durchlassen.
- darf keinen Eigengeruch und -geschmack abgeben.
- muß beständig sein gegen Fette, Säuren und Laugen.
- muß einerseits reißfest, für bestimmte Artikel, beispielsweise für Fleisch, aber auch schmiegsam sein.
- muß in der Größe auf das Gefriergut abgestimmt sein. Unsinnig wäre es, in einem 1-Liter-Behälter 50 g feingehackte Petersilie aufzubewahren. Bei flüssigen Speisen stets einen Ausdehnungsraum von 1 bis 2 cm berücksichtigen, weil sonst die Deckel infolge der Ausdehnung des Gefriergutes abgesprengt würden.
- sollte unter Umständen kochendes Wasser vertragen, mikrowellendurchlässig oder gegen Backofenhitze beständig sein.

- sollte wegen der Gefriergeschwindigkeit von durchschnittlich nur 0,5 cm pro Stunde möglichst klein und flach gewählt werden. Bedenken Sie, daß ein normales Gefriergerät ca. 20 Stunden benötigt, um den Inhalt eines 20 cm dicken Behälters durchzufrieren.

Nicht geeignet sind Packpapier, Cellophan sowie Fleischverpackungsschalen aus Preßpappe, gewöhnliche Kartons oder Pergamentpapier, da sie den oben angeführten Kriterien nicht genügen. Durchsichtige Kunststoffdosen aus Polystyrol (Kaffeebehälter) vertragen die Kälte nicht und platzen. Normale Haushalts-Aluminiumfolie, die auf 25 cm breiten Rollen für Haushaltszwecke verkauft wird, ist ebenfalls nicht zum Gefrieren geeignet. Sie ist zu dünn, ist gegenüber Druck und Stoß nicht widerstandsfähig genug und läßt dann Sauerstoff, Geruch und Aroma durch.

Geeignete Verpackungsmaterialien und -formen

I. Geformte Behälter

– *Polyäthylendosen* aus milchglasartiger Kunststoffmasse mit festschließenden Deckeln, die sich nicht verziehen, sind ideal. Auf lange Sicht macht sich der Anschaffungspreis eines umfassenden Sortiments auf alle Fälle bezahlt. Die Dosen sollten möglichst stapelbar und spülmaschinenfest sein. Bei der Wahl der verschiedenen Formate probiert man am besten erst aus, ob sich zwei oder drei Behälter im Fach des Gefrierschrankes so aufeinanderstapeln lassen, daß die Höhe gut ausgenutzt wird. Bei rechteckigen Dosen sind solche Formen vorzuziehen, bei denen die Luft außen zwischen den Behältern auch bei dichter Lagerung etwas zirkulieren kann. Runde Gefäße nehmen fast immer zu viel Platz ein.
Mehr kleine als große Behälter kaufen. Es ist immer besser, drei kleinere Gefäße à 1 l oder sogar 6 Dosen à 0,5 l als beispielsweise

nur einen einzigen 3-Liter-Behälter zu wählen. Je kleiner das Gefäß, desto rascher ist das Produkt durch und durch gefroren und später auch aufgetaut. Das kommt der Qualität zugute. Es besteht dann auch weniger die Gefahr, daß zu große Portionen aufgetaut und nicht sogleich verzehrt werden.

– *Joghurtbecher* und runde Quarkbehälter mit festschließenden Deckeln sind für kleine Portionen von Obstsaft, Beeren, Diät- oder Babykost sehr praktisch. Sie müssen intakt und sorgfältig gereinigt sein. Joghurtbecher gut mit gefriergeeigneter Alufolie und Klebeband verschließen.

– *Glasgefäße* sind nur bedingt geeignet. Besonders wenn sie oben eng sind, platzen sie leicht. Sie dürfen nicht zu voll gefüllt werden. Für Kräuter bewähren sich Honiggläser mit Kunststoffdeckeln. Feuerfeste Glasteller oder leicht konisch geformte Gefäße sind für Fertiggerichte, die später im Mikrowellengerät aufgetaut und erwärmt werden, empfehlenswert. Natürlich kann man auch das Gefriergut nach 1 bis 2 Tagen aus der Form herauslösen, dann in Gefrierbeuteln verpacken und später zum Aufwärmen wieder in die Form geben.

– *Backformen,* insbesondere kleine Portionsförmchen, können sehr gut für fertige Soufflés oder Aufläufe verwendet werden, wenn sie ordnungsgemäß mit extra-starker Alufolie verschlossen werden.

– *Töpfe* können natürlich auch mitsamt ihrem Inhalt ins Gefriergerät gestellt werden. Sie nehmen aber viel Platz ein. Außerdem braucht man sie meistens schnell wieder. Eventuell das Gefriergut herauslösen und in einen Beutel verpacken.

– *Aluminiumformen* mit Aluminium- oder Klarsichtdeckeln für Brot, Kuchen oder Fertiggerichte werden zum einmaligen Gebrauch angeboten. Obschon sie relativ teuer sind, bewähren sie sich sehr, wenn man für andere mitsorgt oder Picknickgerichte vorbereitet.

– *Gefrierbeutel* aus Hochdruckpolyäthylen sind nur dann gefriergeeignet, wenn ihre Stärke wenigstens 0,05 mm beträgt, besser 0,1 mm. Sonst sind weder Reißfestigkeit noch Wasser- und Luftundurchlässigkeit garantiert. Neuerdings gibt es auch dünnere, nämlich 0,035 mm dicke, Gefrierspezialbeutel aus Polarem, einem extrem kälteresistenten, elastischen und reißfesten dreischichtigen Kunststoff. Alte, also gebrauchte Gefrier- oder normale Verpackungsbeutel dürfen auf keinen Fall verwendet werden.
– *Gefrier-Koch-Beutel* aus Niederdruckpolyäthylen sind mattweiß, papierähnlich und temperaturbeständig von –40 °C bis 100 °C. Sie sind ideal für solche Gerichte, die nach dem Auftauen entweder in kochendem Wasser oder im Mikrowellengerät aufgewärmt oder gegart werden, also Suppen, Saucen, Knödel oder einzelne Portionen von Fertiggerichten.
– *Brat- und Backhüllen* aus verschiedenen Kunststoffen sind glasklar, kälte- und hitzebeständig, kochfest und mikrowellengeeignet. Die Beutel können nicht verschweißt werden.
– *Eiskugel-Beutel* sind für Wasser-Eiswürfel, Fruchtsäfte und kleinste Portionen Obstmus praktisch.
Vor dem Verschließen der Beutel sollte die Luft möglichst herausgestrichen werden, damit das Gefriergut nicht austrocknet. Zum Verschließen gibt es Gummibänder, Patentkunststoffklammern, Kunststoffkeilverschlüsse, farbig sortierte, papierüberzogene Metallstreifen, gefrierfeste Klebebänder oder Malerabdeckband. Am zuverlässigsten werden die Beutel durch Schweißen mit Spezialfolienschweißgeräten verschlossen. Dabei kann auch eine relativ flache Verpackung erzielt werden.

Tip: Faltschachteln aus aluminiumkaschiertem Karton, beispielsweise »Frostpack«, oder wie wir sie von Milchbehältern kennen, sind eine vorzügliche Hilfe beim Füllen, denn man vermeidet dadurch runde Pakete. Milchkartons werden nach dem Aufschneiden und gründlichem Reinigen vor Gebrauch innen mit einem neuen, beschrifteten Gefrierbeutel ausgekleidet. Suppe, Sauce, Püree, Obst oder Gemüse einfüllen, dann den Beutel gut verschließen und einfrieren. Wenn am folgenden Tag das Gefriergut durchgefroren ist, kann es der Pappumhüllung entnommen und platzsparend gestapelt werden. Die Papphüllen werden zusammengelegt und bis zur nächsten Verwendung aufgehoben. Gefrierdosen aus Kunststoff lassen sich natürlich ebenfalls für diese Einfriermethode verwenden.

III. Folien

– *Polyäthylenfolie,* mindestens 0,05 mm stark, gibt es plan oder als Schlauchware. Schlauchware ist zum Gefrieren großer Fleischmengen ratsam, sonst kann man statt dessen ebensogut Beutel oder plane Folie nehmen. Beim Verpacken darauf achten, daß möglichst wenig Luft zwischen Gefriergut und Verpackung verbleibt. Die Folienoberfläche darf nicht fettig werden, weil sich sonst Etiketten und Klebestreifen lösen. Zum Verschließen gefrierfeste Klebestreifen verwenden, die es der besseren Orientierung wegen in verschiedenen Farben gibt. Zum Beispiel Fische mit blauen, Fleisch mit braunen Streifen verkleben. Die Gefrierfestigkeit der Klebestreifen ist auf der Verpackung immer extra vermerkt. Genau wie Beutelware sollte Kunststoffolie nach Gebrauch nicht wieder zum Gefrieren benutzt werden. Sie ist nicht mehr keimfrei.
– *»Extra-starke« Alufolie,* die 0,025 bis 0,04 mm dick ist, kann zum Gefrieren benutzt werden. Alufolie ist durch ihre Widerstandsfähigkeit gegenüber Fetten und ihre Schmiegsamkeit ideal zum Verpacken von Fisch, Fleisch, Wild und Geflügel. Die Pakete werden genau wie mit Kunststoffolie gepackt. Bitte nur einmal verwenden!

Kennzeichnen

Gibt man unbeschriftete Behälter und Pakete in den Gefrierschrank, so verliert man bald die Übersicht. Die Lagerzeiten werden nicht eingehalten, langwieriges Suchen fördert den Reifansatz und kostet Nerven und Zeit. Tiefgekühlt sehen Ananaswürfel ähnlich aus wie Sauerkraut, Kartoffelbrei ähnlich wie Schlagsahne.

Gefrierfeste Etiketten in verschiedenen Farben erleichtern die Ordnung. Normale Etiketten eignen sich nicht, bei ihnen löst sich der Klebstoff durch Feuchtigkeit und niedrige Temperaturen. Neben Inhalt und Menge das Verpackungsdatum notieren.

Das Schreibmaterial muß feuchtigkeitsbeständig sein. Tinte läuft aus, Bleistift, Kugelschreiber und Schreibmaschine sind schlecht lesbar. Am besten eignen sich Wachsstifte oder gefrierfeste Filzstifte. Groß genug schreiben!

Eine Vorratsliste ist sehr nützlich.

Einlagern

Auch beim Einlegen des Gefriergutes in die Geräte werden viele Fehler gemacht. Die notwendige Kältereserve wird nicht früh genug aufgebaut. Fast alle Hausfrauen neigen dazu, zuviel auf einmal in ein Gerät zu geben. Sie vergessen auch, dabei Kontakt mit bereits gefrorenen Lebensmitteln unbedingt zu vermeiden.

Wenn mehr als 1 kg eingefroren wird, muß man mindestens 5, besser 12 Stunden zuvor das Gerät auf Dauerbetrieb »Super-/Schnellgefrieren« schalten, damit eine Kältereserve erzielt wird. Nur bei vollautomatischen Geräten ist das nicht nötig.

Brot und Gebäck am besten lauwarm einfrieren. Im Gegensatz zu allen anderen Lebensmitteln, die möglichst an den Rand des Gefriergeräts gelagert werden, sollen Brot und Gebäck noch im lauwarmen Zustand und zwecks Erhaltung der Kruste stets in die Mitte des Vorgefrierfachs gelegt werden.

Alle übrigen Lebensmittel völlig erkalten lassen, eventuell im Kühlschrank zwischenlagern und dann dicht am Rand einlagern.
Die Gefrierleistung, also die maximale Zulademenge, geht aus der Gebrauchsanweisung hervor.
Als Faustregel gilt:
Innerhalb von 24 Stunden sollen maximal 5% des Nutzinhalts eingelagert werden. In ein 150-l-Gerät mit 100 l Nutzinhalt können also maximal 5 kg Gefriergut innerhalb von 24 Stunden eingelegt werden. Diese Menge möglichst nicht auf einmal, sondern in drei Etappen von je etwa einem Drittel der Gesamtmenge im Abstand von jeweils 8 Stunden in das Gerät geben. Entsprechend den von den Herstellerfirmen angegebenen Daten kann die Einfriermenge aber auch höher sein.
Je geringer die Gefriermenge, um so schneller der Gefrierprozeß und um so besser die Qualität.
Bei Allfrostgeräten und Frostsafegeräten sind alle Zwischenböden mit Gefrierelementen versehen, so daß auf allen Ebenen eingefroren werden kann. Sonst müssen Sie zunächst das Vorgefrierfach benutzen. Ist – etwa bei älteren Truhen – kein gesondertes Vorgefrierfach vorhanden, muß man die übrigen, bereits gefrorenen Lebensmittel durch Pappe oder Styropor vor den neuen, wärmeren Verpackungen schützen.
Damit die kalte Luft ungehindert an das Gefriergut dringen kann, halten Sie einen zweifingerbreiten Abstand zwischen den einzelnen Verpackungen ein. Zur langfristigen Lagerung die Ware erst nach 24 Stunden aus dem Vorgefrierfach entnehmen und in die passenden Abteilungen eng aufeinander und nebeneinander stapeln. Die Nahrungsmittel besser etwas länger als zu kurz im Vorgefrierfach lassen.
Erst anschließend weitere Ware einlegen. Eine »Atempause« von 24 Stunden vor dem nächsten Einlagern kommt dabei der Qualität des Gefriergutes zugute. Das Gerät, soweit es nicht elektronisch gesteuert ist, noch weitere 6 Stunden auf »Super-/Schnellgefrieren« laufen lassen.

Je dünner das Gefriergut, um so kürzer die Gefrierzeit und um so besser die Qualität! Das wird durch folgende Tabelle deutlich:

Gefrierzeit von Lebensmitteln

Gefriergut	Maximaler Verpackungs-durchmesser	Gewicht in kg	Gefrier-zeit in Stunden
Fleisch, Wild	20 cm	1	8–10
	25 cm	2	10–14
	25 cm	3	16–24
Geflügel		0,8–5	6–28
Gemüse	16 cm	0,5–1	13–22
Fertiggerichte (Suppen/Eintöpfe und Gemüsepüree)	16 cm	1	10–12
Obst, gezuckert	16 cm	0,5–1	15–25

Das Gefriergerät möglichst voll packen, damit beim Öffnen nur wenig kalte Luft durch warme ausgetauscht werden kann.
Ordnung halten! Für kontinuierlichen Warenaustausch sorgen!

Auftauen und Zubereiten

Mit dem Auftauen der Gefrierprodukte wird deren ursprünglicher Zustand wiederhergestellt. Wie gut die Qualität, nämlich Vitamingehalt, Farbe, Konsistenz, Geschmack und Aroma, nach dem Auftauen ist, hängt auch von der richtigen Auftaumethode ab.
Zunächst aber sollen die Begriffe gefroren, angetaut und aufge-

taut erklärt werden. *Gefroren* ist ein Produkt, das durch und durch hartgefroren ist. *Angetaut* ist es, wenn die Randzonen weich sind, der Kern aber noch hartgefroren ist. Antauen läßt man z.B. Tiefkühlkost oder selbstgefrorene Produkte, damit sich Scheiben oder Würfel besser voneinander lösen oder schneiden lassen. *Aufgetaut* schließlich ist ein Produkt, das durch und durch weich ist, also auch im Kern geschmolzen ist.

Die Qualität der aus Tiefkühl- und Gefrierkost zubereiteten Speisen hängt zum Teil auch von der Art der Wärmezufuhr und der Auftaugeschwindigkeit ab.

– *Gefroren* werden beispielsweise Hefe, Kräuter und Reibkäse verwendet, kleine Fruchtstückchen oder Beerenobst zur Dekoration von Süßspeisen, Obst für Tortenbelag und für Mixgetränke, Bowlenfrüchte oder Toastbrotscheiben. Maximal daumendicke Fisch- oder Fleischscheiben können gefroren in die Pfanne gegeben und gleichzeitig aufgetaut und gebraten werden. Zerkleinertes Gemüse wird gleichzeitig aufgetaut und gegart. Salatgemüse wie Gurkenscheiben oder Paprikastreifen werden gefroren mit heißer Marinade vermischt und bald serviert, damit die Konsistenz erhalten bleibt.

– *Angetaut* werden Geflügelteile oder Fleisch, das in feine Streifen oder Scheiben geschnetzelt werden soll. So läßt es sich viel besser als im aufgetauten Zustand schneiden. Fleisch, das geformt werden soll, z.B. für Rouladen, muß ebenfalls angetaut sein. Auch zu panierende Lebensmittel müssen außen leicht angetaut sein, sonst haftet die Panade nicht.

– *Aufgetaut* sollen Lebensmittel sein, die roh verzehrt werden: Sahne, Butter, Käse, Buttercreme- oder Sahnetorten. Fisch, ganzes Geflügel, große Fleischstücke oder Steaks müssen ebenfalls vor der Verarbeitung aufgetaut werden, sonst besteht die Gefahr, daß das Innere roh bleibt. Quark oder Kuchenteige, die weiter verarbeitet und ausgeformt werden sollen, lassen sich meistens auch nur im aufgetauten Zustand handhaben.

Es gibt mehrere **Auftaumethoden.** Welche Methode die beste ist, hängt von der Art des Produktes (Rohprodukt, vorbehandeltes Produkt oder Fertiggericht), der Menge und dem Verwendungszweck ab. Auch die Zeit, die bis zum Servieren zur Verfügung steht, spielt eine Rolle. Fleisch, Geflügel und Fisch sind z.B. nach langsamem Auftauen saftiger. Obst und Gemüse hingegen bleiben um so aromatischer und vitaminreicher, je schneller das Auftauen vor sich geht.

– *Kühlschrank- und Raumtemperaturen* bieten die energiesparendsten Auftaumöglichkeiten und sollten so oft wie möglich eingesetzt werden. Solches Auftauen muß jedoch frühzeitig geplant werden. Geflügel aus der Verpackung nehmen und die Schüsseln mit den Lebensmitteln immer abdecken.

– *Kaltes Wasser,* am besten leise fließend, verhilft zum rascheren Auftauen von Fisch, Fleisch oder Geflügel. Wegen der Salmonellengefahr sollten auch bei dieser Auftaumethode die Lebensmittel stets zum Schluß abgespült werden. Das Wasser schwemmt allerdings gleichzeitig Nährstoffe und Mineralstoffe aus den Lebensmitteln heraus; die Qualität leidet.

– *Heiße Zuckerlösung* oder heißer Tortenguß verhelfen Früchten zum raschen Auftauen. Die Beeren behalten bei dieser Methode Konsistenz und Aroma am besten.

– *Der Toaster* ist der ideale Helfer für eiskalte Brotscheiben. Weißbrotscheiben, die tiefgekühlt in das Gerät gesteckt werden, bleiben saftiger als aufgetaute.

– *Unter dem Grill* können sowohl Brotscheiben als auch einzelne Kuchenstücke, dünne Fischfilets, Geflügelteile oder Fleisch in Portionsscheiben aufgetaut und zubereitet werden. Für mehr als daumendicke Ware ist der Grill ungeeignet, weil die inneren Schichten nicht garen würden.

– *Die Kochplatte* wird vernehmlich zum Auftauen von Fertiggerichten und Gemüsen gebraucht. Zerkleinertes Gemüse kann gefroren in die Kochflüssigkeit gegeben und bei starker Hitze rasch gegart werden. Blockartig gefrorenes Gemüse wie Spinat, Grünkohl oder Wirsing oder Gerichte in Sauce sollten nach Möglich-

keit erst etwas antauen, ehe die starke Hitze zum Garen eingeschaltet wird. Das Antauen kann bei Kühlschrank- oder Zimmertemperatur oder durch minimale Stromzufuhr auf dem Herd oder im Mikrowellengerät erfolgen. Klöße aus rohen oder gekochten Kartoffeln können ebenfalls auf dem Herd in siedendem Wasser zunächst aufgetaut und dann gegart werden. Ähnliches gilt für Suppenfleisch und Suppenhühner.
– *Schnellkochtopf* bzw. *Schnellbratpfanne* sind für Gefrierkost besonders empfehlenswert. Im Schnellkochtopf wird mit Überdurck bei Temperatur von 105 bis 121 °C gekocht. Das bedeutet, daß die bei Gefrierprodukten ohnedies verkürzte Garzeit noch weiter reduziert wird. Vorheriges Auftauen oder Antauen entfällt, Gefrierkost kommt meist unaufgetaut in den Schnellkochtopf. Die Ankochzeit ist dadurch zwar etwas länger als normal, die Garzeit (ab Ventilanzeige) dafür um so kürzer zu bemessen. Die Schnellbratpfanne eignet sich besonders gut für die Zubereitung kleinerer Portionen.
Zum Schnellkochen noch einige Tips:
Suppenfleisch und Suppenhuhn können gefroren direkt in kaltem Wasser aufgesetzt werden. Zum Braten und Schmoren hingegen sollte man Fleisch und Geflügel soweit antauen lassen, daß mindestens die Hälfte weich ist; das Fleisch wird sonst trocken und schrumpft zusammen. Es kann sogar außen verkochen, ohne daß der Kern gar ist. Fisch wird am besten im Einsatz über Dampf gegart.
Bei Gemüse mit längerer Garzeit lohnt sich die Verwendung des Schnellkochtopfes besonders. Blockgemüse (Spinat, Grünkohl, Wirsing) wird angetaut, da sonst die Randzonen zu rasch auftauen und verkochen, während der Kern noch hart ist.
– *Der Backofen* wird vor allen Dingen für das Auftauen von Gebäck, Pizzen, Brot, großen Fischen oder Bratenstücken und Geflügel eingesetzt. Wir schalten ihn dafür auf 50 °C ein. Umluftherde sind günstiger als konventionelle Geräte mit Ober- und Unterhitze. Bei Fisch, Fleisch und Geflügel, die der gleichmäßigen

Erwärmung wegen am besten auf einen Rost gelegt werden, muß stets ein Gefäß zum Auffangen des austretenden Saftes eingeschoben werden. Diese Auftauflüssigkeit darf bei Geflügel wegen Salmonellengefahr keineswegs verbraucht, sondern muß weggegossen werden.
– *Im Mikrowellengerät* kann ebenfalls aufgetaut werden. Darüber orientiert Sie ein gesondertes Kapitel (Seite 45 ff.).
Die **Auftauzeiten** zu den verschiedenen Methoden sind in den späteren Kapiteln jeweils angegeben. Sie sind individuell von der Struktur und Menge der Lebensmittel und der Temperaturen abhängig. Lose auf einem Gefriertablett gefrorene und dann locker verpackte Johannisbeeren tauen z.B. viel schneller auf als ein Schweinebraten von gleichem Gewicht.
Grundsätzlich können bei der **Zubereitung** von Tiefkühl- und Gefrierkost dieselben Kochmethoden und Rezepte angewandt werden wie bei den entsprechenden Frischprodukten. Lediglich die Garzeit ist bei vielen gefrorenen Lebensmitteln um 30 bis 50% verkürzt. Das ist auf die Zelluloseauflockerung durch den Gefrierprozeß oder das Blanchieren zurückzuführen. Die Angaben auf den Verpackungen der meisten Industrieprodukte können oft noch reduziert werden. Im übrigen gelten unsere Angaben im Tabellenteil. Langes Warmhalten oder Aufwärmen hat stets Vitaminverluste zur Folge und sollte deshalb auch bei tiefgefrorenen Lebensmitteln vermieden werden.
Über das **Wiedereinfrieren** sind die Meinungen geteilt. Ganz besonders wichtig für die richtige Behandlung von Gefrier- und Tiefkühlkost ist der Grundsatz, daß einmal aufgetaute oder stark angetaute rohe Ware schnell und restlos verbraucht werden muß. Der Verderb tritt bei ihr nachweislich sehr viel schneller ein als bei Frischware. Fleisch, Geflügel und Fische müssen darum unbedingt unmittelbar nach dem Auftauen zubereitet werden. Dabei ist es wichtig, die Lebensmittel bis zum inneren Kern völlig durchzugaren.
Hingegen dürfen Speisen aus rohen, tiefgekühlten Zutaten nach

heutigen Erkenntnissen durchaus noch einmal nach der Zubereitung eingefroren werden. Aber ein Qualitätsabfall ist durch den zweifachen Gefrierprozeß nicht zu vermeiden. Darum müssen diese Speisen auf jeden Fall bald verbraucht werden.

Auftauen und Zubereiten mit Mikrowellengeräten

Gefriergeräte, die Kälte erzeugen, und Mikrowellengeräte, die rasch Hitze erzeugen, sind ideale Partner. In Minutenschnelle können Lebensmittel aufgetaut und erwärmt oder gegart werden. Das ist für Singles, Strohwitwer, Senioren oder für Haushalte, bei denen die Essenszeiten einzelner Familienmitglieder sehr unterschiedlich sind, ein bedeutender Vorteil. Speisen müssen nicht mehr lange warmgehalten werden. Sie schmecken gut und frisch.

Aufbau und Funktion von Mikrowellengeräten

Mikrowellen sind elektromagnetische Wellen im Hochfrequenzbereich. Sie versetzen die kleinsten Teilchen der Lebensmittel – ihre Moleküle – in schnelle Schwingung. Dadurch werden die Teilchen aneinandergerieben und es entsteht Wärme – und zwar direkt im Gargut.
Das im Mikrowellengerät eingebaute Magnetron (siehe Abb. Seite 47) wandelt Strom in Mikrowellen um. Diese werden von den metallenen Innenwänden des Geräts von allen Seiten auf die Lebensmittel reflektiert. Die durchsichtige Glaswand, die eine Beobachtung der Speisen zuläßt, ist mit einem feinen Metallgitter versehen, damit keine Mikrowellen austreten können. Ein Gebläse sorgt für Kühlung des Magnetrons und das Austreten der Kochdämpfe durch die Lüftungsschlitze. Wenn kein Drehteller vorhanden ist, sorgt ein eingebauter Ventilator für die gleichmäßige Verteilung der Mikrowellen.

Alle Mikrowellengeräte müssen den VDE-, DIN- und internationalen Sicherheitsbestimmungen entsprechen. Dadurch ist gewährleistet, daß die Mikrowellenenergie den Garraum weder beim Garen noch beim Öffnen der Tür verlassen kann. Sicherheitssysteme sorgen dafür, daß der Stromkreis unterbrochen wird, sowie der Türöffner betätigt wird, und nicht erst, wenn die Tür geöffnet ist. Die Sicherheitsprüfungen reichen für eine hundertjährige Betriebsdauer bei dreimaliger Öffnung pro Tag aus.
Eine sachgemäße Mikrowellenerwärmung wirkt nicht anders auf Lebensmittel als konventionelle Erhitzungsmethoden. Auch die oft gehörte Behauptung, durch Mikrowellen entstünden krebserregende Substanzen in Nahrungsmitteln, ist nicht haltbar.

Vorteile der Mikrowellengeräte

- Sie sind einfach anzuschließen.
- Ihre Bedienung ist schnell zu erlernen.
- Sie sind leicht sauberzuhalten.
- Bei kleinen Mengen ist der Energieaufwand geringer als bei konventionellen Geräten.
- Der Geschirraufwand ist in der Regel geringer.
- Die Zubereitungszeit kann bis zu 70% geringer sein.
- Durch sparsame Flüssigkeits- und Fettzugabe werden die Speisen bekömmlicher, eignen sich für Diätzwecke und behalten ihre Nährstoffe.
- Einzelne Mahlzeiten können im Nu bereitgestellt werden, langes Warmhalten bei unterschiedlichen Tischzeiten entfällt. Dadurch ist der Vitamingehalt höher.

Handhabung beim Auftauen und Garen

Mikrowellengeräte werden mit unterschiedlichen Leistungen zwischen 350 und 1300 Watt angeboten. Bei Geräten mit geringer Ausgangsleistung braucht man zum Auftauen, Erwärmen und Garen länger als bei Geräten mit hoher Nennleistung. In der Praxis heißt das: Pro 100 Watt höhere Leistung spart man 10 bis 15% Zeit.

Aufbau und Funktionsweise eines Mikrowellengeräts

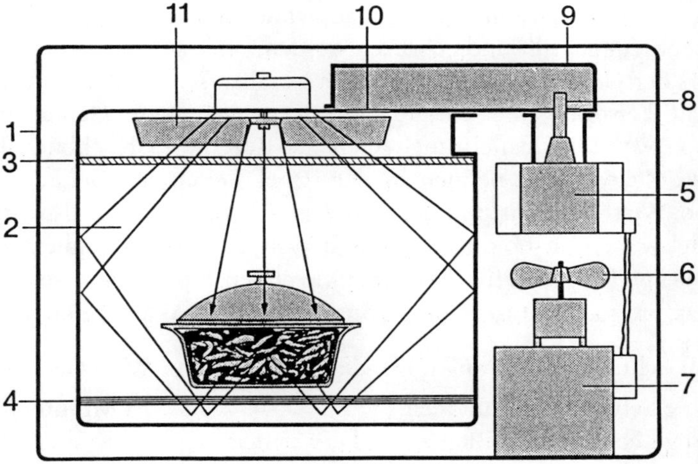

1 Gehäuse
2 Garraum
3 Deckplatte
4 Bodenplatte
5 Magnetron
6 Kühlgebläse
7 Elektronik
8 Koppelstift
9 Hohlleiter
10 Einkopplung
11 Reflektorflügel

Darüber hinaus können Sie bei jedem Gerät zwischen unterschiedlichen Leistungsstufen wählen. Einfache Modelle haben lediglich zwei Wahlmöglichkeiten: die Auftautaste und die Gartaste. Hochwertige Modelle besitzen 6 und mehr Schaltstufen, daneben eventuell Auftau- und Garautomatik, Gewichtsautomatik, Temperatursonden oder Feuchtigkeitssensoren.
Neben der Solo-Mikrowelle werden Geräte mit zusätzlichem Grill und/oder mit Backofenhitze als Kombigeräte angeboten. In diesen Geräten kann nicht nur aufgetaut und erwärmt, sondern außerdem gegrillt und gebacken werden.
Aus der Gebrauchsanweisung Ihres Geräts ersehen Sie die maximale Leistungsstufe. Unsere Normwerte gelten für Geräte mit 600 Watt Maximalleistung. Auch die Rezepte in Kochbüchern und Zeitschriften nennen in der Regel Zeiten für Geräte mit 600 Watt Nennleistung. Hat Ihr Gerät andere Werte, also beispielsweise nur 500 oder sogar 1300 Watt, so müssen Sie die Auftau- und Garzeiten für Ihr Gerät umrechnen. Normalerweise muß man pro 100 Watt 10% der Garzeit dazurechnen oder abziehen.

Zur Schnellorientierung folgende Regeln für 600-Watt-Geräte:

100 g Lebensmittel auftauen	1 Minute
100 g Lebensmittel auftauen und erwärmen	2 Minuten
100 g Lebensmittel auftauen und garen	3–4 Minuten

Jeder Bruchteil einer Minute beeinflußt das Ergebnis!
Die auf den Gefrierpackungen und in den Tabellen angegebenen Werte sind stets nur Anhaltswerte, da sie von der Ausgangstemperatur (Norm = –18 °C) und natürlich auch von der genauen Menge abhängen.

Hinsichtlich der Menge gelten folgende Regeln:

Doppelte Menge = doppelte Zeit.
Halbe Menge = halbe Zeit.

Kleine, flache Mengen tauen gleichmäßiger auf.

Leistung und Zeit müssen, soweit es sich nicht um Automatikgeräte handelt, stets individuell gewählt werden.
Die *Auftaustufe* arbeitet mit 25 bis 30% der höchsten Stufe. Glauben Sie nicht, Sie kämen mit der vollen Leistung besser zum Ziel. Erfolgt das Auftauen auf höchster Stufe, wird die Oberfläche trokken und gar, aber der Kern bleibt gefroren.
Einige Geräte haben zusätzlich eine Taste für schonendes Auftauen von Sahne, Butter und Käse mit nur 10% der gesamten Leistungskapazität.
Alles, was normalerweise beim Kochen abgedeckt wird, auch im Mikrowellengerät abdecken. Dafür die zum Mikrowellengeschirr gelieferten Deckel oder Spezial-Kunststoffhauben verwenden. Diese haben gegenüber mikrowellengeeigneter Folie den Vorteil, daß man sie nach der Reinigung immer wieder verwenden kann. Aluminiumfolie ist wegen der Reflexion von Mikrowellen ungeeignet. Werden Speisen im Kochbeutel in das Mikrowellengerät gegeben, so muß dieser zuvor einige Male eingestochen werden, damit er sich nicht aufbläht oder platzt. Oder man füllt den Inhalt zuvor in ein Gefäß oder auf einen Teller um. Brot und Gebäck werden nicht abgedeckt.
Zwischenzeitliches Umrühren oder Drehen des Gargutes – etwa von Forellen oder Maiskolben – nach halber Auftauzeit fördert die Qualität. Dünne Teile wie Flügel von Geflügel müssen abgedeckt werden, damit sie nicht schon während der Auftaustufe voll durchgaren.
Bei längeren Auftau- oder Garzeiten sollten sogenannte *Ausgleichszeiten* durch zwischenzeitliches Abschalten des Geräts nach halber Auftauzeit eingeschoben werden.
Nach dem eigentlichen Auftauen sollte eine *Standzeit,* auch Nachtauzeit genannt, außerhalb der Mikrowelle von 5 bis 15 Minuten einkalkuliert werden. Darum das Essen kurz vor dem Ende des Gar- oder Erwärmungsprozesses herausnehmen. Sonst werden die Gerichte trocken und übergar.
Daß die Speisen im gleichen Behälter zubereitet und serviert wer-

den können, ist ebenfalls ein großer Vorteil unserer Mikrowellengeräte. Aber nicht alle Behälter sind für Mikrowellengeräte geeignet. Die Gefäße sollten möglichst groß und flach sein, damit der Inhalt weit auseinandergebreitet werden kann und nicht dicker als 2,5 cm ist. Runde, feuerfeste Glas- und Glaskeramikgefäße sowie beidseitig glasierte Keramik- und Tongefäße, aber auch schlichtes, einfaches Porzellan oder Dekor sind für das Mikrowellengerät ideal. Das Geschirr ist geeignet, wenn es sich im ungefüllten Zustand nicht wesentlich erwärmt, wenn es für 1 Minute bei höchster Leistungsstufe ins Mikrowellengerät gestellt wird. Werden Keramikgefäße heiß, so ist entweder die Glasur porös, wodurch Feuchtigkeit in das Innere des Behälters eindringt, oder die Glasur ist stark bleihaltig. Solche Gefäße und einseitig glasierte Keramikgefäße sind ungeeignet. Pappe und Papier sind zum Auftauen von Brot und Gebäck ideal, weil sie überschüssige Feuchtigkeit aufsaugen. Aber passen Sie vor Überhitzung auf! Kunststoffgeschirr muß bis 260°C hitzebeständig deklariert sein. Holz trocknet aus und wird spröde, platzt später leicht. Nicht geeignet sind Gefäße aus Porzellan mit Medalldekor, Stahl und Kunststoffen, soweit diese nicht ausdrücklich als mikrowellengeeignet deklariert wurden. Aluminiumbehälter, in denen Fertiggerichte verkauft werden, dürfen einen maximal 2 cm hohen Rand aufweisen. Die Aluminiumabdeckung muß auf alle Fälle abgenommen werden. Metall verbietet sich, weil es die Mikrowellen reflektiert. Darum dürfen auch keine Metallklammern, Deckel von Marmeladengläsern oder Bestecke in Mikrowellengeräte gegeben werden. Zum Erwärmen einzelner Tassen mit Flüssigkeit sollte man einen Glasstab in die Tasse geben, um Überhitzung zu vermeiden.

Zum Auftauen oder Garen nicht oder nur sehr eingeschränkt mikrowellengeeignet:

- Butter, Käse, Schlagsahne, Sahne-, Buttercremekuchen und gelatinehaltige Speisen, da die Produkte oft zu stark erhitzt werden und schmelzen. Die Zeitersparnis ist gering.

- Blätterteig-Fertiggerichte und Blätterteiggebäck. Der Teig geht nicht auf.
- Belegte Pizzaböden und Obstkuchen. Die Feuchtigkeit der Auflage durchweicht die Böden.
- Industriell hergestellte Kochbeutelgerichte, da die Kochbeutel durch den entstehenden Wasserdampf platzen können. Für Mikrowellengeräte geeignete Kochbeutel werden speziell als solche deklariert. Eventuell zuvor anstechen.
- Aufläufe, da die Oberfläche nicht knusprig wird. Sie können zwar erhitzt, müssen dann aber noch unter den Grill geschoben werden.
- Panierte Fleisch- oder Fischgerichte, da die Panade aufquillt und nicht knusprig wird.
- Steaklets, Hacksteaks, Fleisch- oder Champignonplätzli. Sie werden nicht schön braun, und der Teig wird weich.
- Speisen in Ausbackteig. Sie bekommen eine schlaffe Oberfläche.
- Grünkohl, der nur blanchiert war, weil das Gemüse aufgrund des hohen Zelluloseanteils nicht weich wird.
- Vollwert-Fertiggerichte, da die Stärke nicht ausreichend quillt.

Zum Auftau oder Garen bedingt mikrowellengeeignet:

- Industriell hergestellte Eiscreme: wird zwar besonders cremig und aromatisch, darf aber nicht überhitzt werden.
- Suppengemüse: der Zeitaufwand ist dabei zu groß.
- Gemüsecremesuppen: keine Zeitersparnis.
- Industrielles Pfannengemüse: der typische Bräunungseffekt fehlt.
- Hefeknödel, auch Zwetschgenknödel: gehen auf traditionelle Weise besser auf.

Zum Auftauen oder Garen sehr gut mikrowellengeeignet:

- Obst und Obstmischungen,
- Salatgemüse,
- Nudelpfannen und Nudelgerichte,

- Maultaschen und Spätzle,
- Reisgerichte und -pfannen,
- Kartoffelpüree in kleineren Mengen flach ausgeformt,
- Fleischgerichte in Saucen ohne Stärkeanteil (Rinderbraten),
- Geschnetzeltes, Hühnerfrikassee, Fleischklößchen etc.,
- Fische und Fischfilets, auch mit Gemüse oder Saucen,
- Krustentiere (Scampi, Krabben),
- Gemüsezubereitungen (Rahmgemüse, Rotkohl, Ratatouille),
- feine Gemüse in kleineren Mengen.

Je höher der Wassergehalt eines Lebensmittels, um so größer die Leitfähigkeit und um so schneller werden die Speisen heiß und gar.

Tips zum Einfrieren verschiedener Nahrungsmittel

Obst

Beim Einfrieren von Obst sparen Sie gegenüber dem traditionellen Trocknen oder Sterilisieren viel Zeit und Energie. Konsistenz, Farbe und Aroma bleiben besser erhalten. Gefrorenes Obst ist viel gesünder und schmeckt besser als Konserven- oder Trockenware. Natürlich kann das selbstgefrorene Sortiment durch industrielle Tiefkühlware immer wieder ergänzt werden.

Einfrieren

Damit die Vitamine wirklich erhalten bleiben, soll das Obst möglichst unmittelbar nach der Ernte gefroren werden. Erdbeeren, die innerhalb einer Stunde nach dem Pflücken gefroren und sachgemäß bei –18 °C gelagert werden, haben selbst nach 12 Monaten nur 15% Vitamine verloren. Das ist bedeutend weniger, als wenn die frischen Beeren erst etwa 4 oder 5 Tage nach der Ernte verzehrt werden. Wenn das Obst mit Zuckerlösung bedeckt wird, werden die Vitamine am besten bewahrt, weil dadurch eine Isolation vom Sauerstoff erfolgt. Aus dem gleichen Grund ist trockener Streuzucker günstig, besonders, wenn man kurz Saft ziehen läßt.
Die meisten Obstarten, die bei uns angebaut werden, sind hervorragend zum Gefrieren geeignet. Minderwertige, also unreife oder

überreife, vielleicht sogar schon mehlig gewordene, zerdrückte oder beschädigte Früchte nicht gefrieren. Gleichmäßige Vollreife ist der Idealfall.
Apfelmus, Brombeeren, Erdbeerpüree, Heidelbeeren, Himbeeren, Johannisbeeren, Nüsse, Preiselbeeren, Rhabarber und Sauerkirschen sowie die meisten Obstsäfte sind Favoriten. Für diese Obstarten ist das Gefrieren unter allen Umständen den traditionellen Konservierungsmethoden vorzuziehen.
Ananas, Aprikosen, Erdbeeren, Melonen, Orangen, Pfirsiche und Stachelbeeren ergeben ebenfalls gute Resultate.
Bananen werden trotz Zusatz von Ascorbinsäure oder Zitronensaft fast immer etwas weich und braun. Hellfleischige Kirschen sterilisiert man nach wie vor besser in Gläsern, weil sie braun werden. Nur wer sehr viel Platz in seinem Gefriergerät hat, sollte Apfelschnitze, Birnen, Mirabellen und Pflaumen gefrieren. Mirabellen und viele Pflaumensorten haben oft ein geringes Aroma. Weichfleischiges Steinobst, z.B. gelbe Pflaumen oder Renekloden, ist nicht besonders geeignet, denn das Fruchtfleisch löst sich schlecht vom Stein und wird braun und weich. Grüne Trauben und Wassermelonen sind wegen der zarten Zellstruktur nicht geeignet. Wer unbedingt Trauben gefrieren will, sollte blaue Trauben schälen und halbieren. Besser zu Saft verarbeiten.
Gartenbesitzer merken bald, welche Sorten die besten sind und wieviel von jeder Obstart für den Winterbedarf vonnöten ist. Je reichhaltiger das Sortiment ist, auch im Hinblick auf die Verarbeitung in Form von ganzen Früchten, Mus oder Saft, und je kleiner die Verpackungseinheiten sind, um so besser.
Im allgemeinen werden die Früchte schnell gewaschen und geputzt. Dann läßt man sie sehr gut abtropfen, um Eiskristallbildung zu vermeiden.
Die Zugabe von Zuckerlösung schützt das Obst vor dem Oxidieren und erhält Aroma und Vitamine. Für 2 kg Obst rechnet man mit 1½ l Lösung. Sie wird je nach Säuregrad des Obstes aus 400 bis 600 g Zucker und ½ TL Ascorbinsäure auf 1 l kochendes Wasser

hergestellt. Erst erkaltet über die Früchte geben. Das Obst soll vollkommen mit Zuckerlösung bedeckt sein. Wenn es hochsteigt, legt man ein Stück Kunststoff- oder Alufolie obenauf. Je nach Größe des Gefäßes 1 bis 2 cm Ausdehnungsraum berücksichtigen. Kleine Portionen abpacken, damit diese schnell gefrieren und ebenfalls schnell wieder tauen.

Äpfel, Aprikosen, Birnen, Pfirsiche und Pflaumen werden gefroren leicht braun. Das sieht nicht schön aus. Man kann diesen Vorgang aber durch 2 bis 3minütiges Blanchieren in Zuckerlösung mit Ascorbinsäure teilweise unterbinden (siehe Kapitel »Einfrieren von Lebensmitteln«, Seite 29). Die genannten Früchte sowie Bananen, Melonen und Stachelbeeren werden nach dem Erkalten gut mit der gekühlten Zucker-Ascorbin-Lösung bedeckt.

Statt Zuckerlösung kann man auch feinen Streuzucker verwenden. Er wird am besten lagenweise mit den Früchten eingefüllt. Das Gefäß zum Schluß etwas schütteln. Vor dem Einlagern ins Gefriergerät für 1 Stunde in den Kühlschrank stellen. Dabei kühlt der Inhalt, der Zucker schmilzt, und der Saft überzieht die Früchte mit einem schützenden Film. Je nach Säuregrad der Früchte pro kg Obst 100 bis 200 g Zucker und 1 Msp Ascorbinsäure nehmen.

Will man die Früchte später für Obstkuchen, Marmelade oder Gelee verwenden, kann man auf die Zuckerzugabe verzichten. Das ist für Diabetiker und Kalorienbewußte praktisch. Die ungezuckerten Früchte müssen zwei Monate vor der in der Tabelle angeführten Lagerdauer verbraucht werden. Süßstoff sollte grundsätzlich erst nach dem Auftauen zugefügt werden. Die Früchte werden sonst leicht bitter.

Wer die Früchte später zum Dekorieren von Süßspeisen, für das Belegen von Tortenböden und Kuchen verwenden oder im Kleinhaushalt winzige Portionen entnehmen möchte, gefriert das Obst auf dem Gefriertablett oder einem Kuchenblech 1 bis 2 Stunden vor. Die Früchte kleben dann nicht aneinander. Erst anschließend endgültig verpacken.

Die Verarbeitung von Obst zu Mark, Mus oder Püree im rohen oder kurz gegarten Zustand ist hinsichtlich der Arbeitserleichterung und des Gefrierraumes sehr rationell und hat sich bei Äpfeln, Aprikosen, Beerenobst und Hagebutten sehr bewährt. Dieses Obstmark muß entsprechend der späteren Verwendung für Marmelade, Süßspeisen, Saucen, Mixgetränke oder dergleichen portioniert werden. Hier sind kleine und sehr kleine Portionen, in Joghurtbecher oder Eiswürfelbehälter abgefüllt, ideal. Sie gefrieren bald und tauen auch schnell wieder auf.
Da das Obst während des Gefrierens seine Gelierfähigkeit behält, kann man es zur Erntezeit rasch gefrieren, um dann an regnerischen oder kalten Herbst- oder Wintertagen Marmelade oder Gelee daraus zu bereiten. Auf diese Weise kann man völlig neue, zuckerarme Fruchtkombinationen kreieren: Erdbeeren mit Pflaumen oder Aprikosenmark mit Apfelsaft.
Natürlich kann man auch fertiggekochte Marmelade oder Gelee gefrieren. Gefrorene Marmelade behält das Aroma wie am Tage der Zubereitung; sie schimmelt auch bei geringer Zuckerzugabe nicht und trocknet nicht ein.
Reste von Obstkonserven kann man ebenfalls kurzfristig mit dem Sirup in Gefäßen passender Größe gefrieren. Keinesfalls in der Konservendose lassen!
Fruchtsäfte von Beeren, Kernobst, Weintrauben und Zitrusfrüchten lassen sich hervorragend gefrieren. Wird der Saft schnell verarbeitet, abgefüllt und gefroren, dann ist der Vitaminverlust minimal. Die Arbeitsersparnis ist bei Zitrussäften beachtlich. Langfristiger Sauerstoffzutritt allerdings würde einen großen Anteil insbesondere des Vitamins C zerstören. Aus diesem Grund sollte man die Behälter bis auf einen Ausdehnungsraum von 1 bis 3 cm, je nach Größe des Gefäßes, vollständig füllen. Bei den Behältergrößen an die spätere Verwendung denken: Frühstückssaft, Süßspeisen, Tortenguß, Saucen oder Gelee. Nicht mit säureempfindlicher Alufolie, sondern mit Kunststoffolie oder -deckeln verschließen.

Ganze Früchte, Kompott, Mus, Mark oder Säfte gibt man wahlweise in Beutel oder Behälter aus Kunststoff. Behälter lassen sich leichter stapeln. Mit einem Trick (Seite 36) können auch Beutel kubisch gefroren werden. Zwei kleine Behälter sind meistens praktischer als ein sehr großer. Mengen von 300 g, wie bei den industriell tiefgekühlten Obstpackungen, haben sich bewährt. Alle Gefäße müssen sorgfältig verschlossen und beschriftet werden.
Das Einlagern in das Gefriergerät erfolgt nach Schaffung einer Kältereserve durch Dauerbetrieb (»Super-/Schnellgefrieren«) und nach und nach entsprechend dem Gefriervermögen. Wird zuviel Ware auf einmal eingelagert, dauert der Gefriervorgang zu lange. Den Rest inzwischen im Kühlschrank lagern. 6 bis 10 Stunden nach der letzten Einlagerung Gefriergeräte oder Elektronik wieder auf »normal« schalten.

Haltbarkeit

Gefrorene Früchte in Zuckerlösung sind 12 Monate haltbar, Früchte mit Streuzucker 10 Monate, solche ohne Zucker 8 Monate haltbar. Bei Fruchtsalat, tropischen und Südfrüchten, Pflaumen und Zwetschgen sind maximal 6 Monate, bei Avocados und Bananen 1 bis 3 Monate ratsam. Halbarkeitszeiten nicht überschreiten.

Auftauen und Zubereiten

Die Art des Auftauens richtet sich beim Obst nach der weiteren Verwendung.
Gefroren wird es unter anderem für Bowlen, Mixgetränke, Kaltschalen, Eiscreme, Süßspeisen und zur Garnierung verwendet. Es darf dabei höchstens so weit angetaut sein, daß sich einzelne Früchte lösen lassen. Als Kuchenbelag werden die gefrorenen, ungezuckerten Apfelschnitze, Aprikosen, Kirschen, Johannisbeeren oder Zwetschgen auf den mit geriebenen Nüssen oder Paniermehl bestreuten Teig gelegt. Den Kuchen dann sofort im vorgeheizten Backofen backen. Erst nach dem Backen zuckern, damit

die Früchte nicht zu viel Saft ziehen. Preiselbeeren, Rhabarber und unreife Stachelbeeren gibt man zum Auftauen und Garen gefroren für 2 bis 3 Minuten in kochende Zuckerlösung oder mit etwas Wasser und Zucker in das Mikrowellengerät. Gelegentlich rühren!

Angetautes Obst wird zum Belegen fertig gebackener Tortenböden verwendet. Vorher geriebene Nüsse oder Oblaten auf den Boden geben oder ihn mit Gelee bzw. Pudding bestreichen, um ein Durchfeuchten zu vermeiden. Über die Früchte kommt heißer Tortenguß aus Tiefkühlsaft. Sie tauen bald völlig auf, ohne dabei Farbe, Aroma und Konsistenz zu verlieren. Nach 50 bis 60 Minuten ist die Obsttorte am appetitlichsten. Zur Marmeladenbereitung werden die Früchte etwas angetaut und mit geringer Wasserzugabe in einem großen, flachen Topf erhitzt.

Auftauen läßt man gefrorenes Obst für den Rohgenuß. In einer zugedeckten Schüssel unter gelegentlichem Rühren im Mikrowellengerät, bei Küchentemperatur oder im Kühlschrank vollkommen auftauen lassen. Durch Bestreuen mit Zucker oder durch Übergießen mit heißer Zuckerlösung kann der Vorgang beschleunigt werden. Farbe und Aroma werden dabei geschont. Je schneller das Obst taut, um so höher der Vitamingehalt. Es sollte gleich verzehrt werden. Reste müssen fast zum Siedepunkt erhitzt werden, um die Aktivität der Enzyme herabzusetzen. Dann bald verbrauchen. Aufgetautes Obst nicht wieder gefrieren, es sei denn, es wurde zu Obstgrütze verarbeitet (mit Dickungsmittel Grieß).

Industrielle Fruchtsaft-Konzentrate läßt man so weit antauen, daß sie sich leicht aus der Verpackung lösen. Man verdünnt sie mit Wasser oder Mineralwasser. Nach 30 Minuten kann das kühle Getränk konsumiert werden. Selbst gefrorene Fruchtsäfte tauen schonend über Nacht im Kühlschrank auf. Will man aus gefrorenem Fruchtmark oder -saft Süßspeisen, Marmelade oder Gelee kochen, so läßt man das Gefriergut am besten im Kochtopf im Kühlschrank oder bei Küchentemperatur ganz auftauen, bevor man es weiterbehandelt.

Für die Auftauzeit spielen neben der Menge auch Größe und Konsistenz der Früchte eine Rolle. Plattengefrorene, locker zerteilbare Früchte benötigen wesentlich weniger Zeit als Obst in Zuckerlösung oder Mus.

Besondere Hinweise für verschiedene Obstarten

Bei *Äpfel und Birnen* darf auf das Blanchieren auf keinen Fall verzichtet werden. Arbeitssparend ist das Gefrieren von gekochtem Apfel-, Birnen- oder Quittenkompott bzw. -mus.
Quitten können auch im ganzen, also unzerteilt und roh, gefroren werden. Der Quittensaft ist später heller.
Erdbeeren halten besser ihre Form, wenn Sie die Früchte vor dem Gefrieren einmal mit der Gabel einstechen, so daß die Luft entweichen kann, dann plattengefrieren. Alles Beerenobst kann vor dem Gefrieren zu rohem oder gekochtem Saft oder Mark verarbeitet werden. Kleine Portionen von Erdbeerpüree sind ideal für schnelle Süßspeisen.
Heidelbeeren bekommen durch kurzes, etwa 1–2minütiges Blanchieren zartere Häutchen. Es bannt außerdem die Gefahr von Fuchsbandwurm.
Himbeeren werden am besten, wenn man sie ungewaschen erst auf dem Gefriertablett für 2 bis 3 Stunden einfriert und dann verpackt.
Johannisbeeren können bei großem Beerenanfall auch mit den Stielen eingefroren werden. Sie werden kurz vor dem Verbrauch im angetauten Zustand entrippt oder mit den Stielen zu Mark verkocht und dann durch ein Sieb gegeben.
Melonen können sowohl in Würfeln wie auch als Kugeln ausgebohrt gefroren werden. Kleine Melonen können nach Entfernen der Kerne als halbe Früchte gefroren werden.
Steinobst möglichst immer vor dem Gefrieren entkernen, denn die Kerne verursachen manchmal einen bitteren Geschmack. Aprikosen und Pfirsiche werden nach Abbrühen in kochendem Wasser

geschält. Steinobst wird fast immer roh gefroren, gelegentlich auch zu Kompott oder Mus gekocht.
Tropische Früchte wie Avocados, Bananen, Cherimoyas, Datteln, Guaven, Kakis und Litchis haben nur mäßige, Ananas, Mangos und Kiwis recht gute Gefriereigenschaften. Sie werden nur in Ausnahmefällen für feine Obstsalate eingefroren.
Zitrusfrüchte kann man nach dem Waschen einzeln in Alufolie wickeln. Die Schale einer so gefrorenen Zitrone oder Orange läßt sich später im gefrorenen Zustand besonders gut abreiben.

Gemüse

Für den Städter ist das Selbstgefrieren von Gemüse nur dann zu empfehlen, wenn er preiswert pflückfrische Ware beziehen kann. Gartenbesitzer werden oft ihre überschüssigen Erträge gefrieren. Grün- oder Rotkohl als Fertiggericht zu gefrieren lohnt sich immer, da dies recht arbeitsintensive Gerichte sind. Lohnend ist auch das Gefrieren von Suppengrün und Kräutern, Zutaten, die im Sommer wesentlich besser und preiswerter sind.
Das Sortiment im städtischen Gefriergerät wird auch aus industriell tiefgekühltem Gemüse bestehen. Es scheint zwar zunächst kostspieliger, doch fallen dabei weder Abfälle noch Arbeit an. Je nach Gemüseart beträgt der Abfallanteil sonst 5 bis 50%. Spinat, auch in Form von Rahmspinat, ist mit über 50% Marktanteil des gesamten verkauften Tiefkühlgemüses Favorit des Gemüsesortiments.

Einfrieren

Um es gleich vorwegzunehmen: Knackig frische Blattsalate, Kresse, Radieschen, Rettich und Knoblauch sind zum Gefrieren ungeeignet. Die Salate fallen zusammen und werden welk. Rettichsaft beginnt unangenehm zu riechen.

Tomaten können nach dem Gefrieren nicht mehr roh gegessen werden. Gefrorene Petersilie kann ohne weiteres feingehackt benutzt werden, ist aber nicht mehr zum Dekorieren zu gebrauchen.

Gut gefriergeeignet sind Bohnen, Erbsen, Rosenkohl, Spargel, Spinat und Zuckermais. Hülsenfrüchte und alle Kohlarten verlieren durch das Gefrieren etwas von ihrer blähenden Wirkung.

Wer selbst Gemüse anbaut, sollte sich auf gefriererprobte Sorten einstellen. Achten Sie darauf, daß das Gemüse von erstklassiger Qualität, jung und zart ist und beim richtigen Reifegrad geerntet und gefroren wird. Das Gefrieren verbessert nicht die Qualität, sondern erhält sie lediglich. Am besten ist es, früh am Morgen das junge Gemüse zu ernten, weil es dann noch nicht erwärmt wurde. Unmittelbar danach verarbeiten.

Die Mengen sollten so disponiert werden, daß eine Portion zu einer Mahlzeit verzehrt wird und das Gemüse nie länger als bis zur nächsten Saison im Gefriergerät lagert. Vom Wiederaufwärmen, besonders von Spinat für Babys, muß dringend abgeraten werden. Darum kleine Mengen kaufen oder zum Gefrieren verpacken. Plattengefrorenes Gemüse kann aber auch in größeren Mengen abgepackt werden, denn man kann ja jederzeit kleinere Mengen entnehmen.

Gefriergemüse muß ähnlich wie beim Einkochen vorbereitet werden. Zuerst putzen, dann waschen und anschließend nicht zu stark zerkleinern.

Gurken, Kräuter, Meerrettich, Paprikaschoten, Pilze, Spargel, Tomaten, Zucchini und Zwiebelwürfel werden nicht blanchiert. Sie sollten aber nicht zu lange lagern.

Gurken, soweit sie im ganzen gefroren werden, müssen glaciert werden (siehe Seite 32). Gurkenscheiben für Salat können auch auf einem mit Folie belegten Blech oder dem Gefriertablett plattengefroren werden. Nach einer Stunde Gefrierzeit ablösen und in einen Beutel oder Behälter verpacken. Sie kleben nicht aneinander und tauen später um so schneller auf.

Pilze verlieren durch das Blanchieren zu sehr an Geschmack und Konsistenz. Sie werden daher wie üblich vorbereitet, mit dem Saft einer Zitrone pro 0,5 kg Pilze beträufelt, plattengefroren und dann verpackt. Wer will, kann sie vor dem Einfrieren auch in etwas Butter dünsten.

Kräuter können im zerkleinerten Zustand plattengefroren und dann verpackt werden. Oder man gibt die Petersilienblättchen recht trocken in einen Beutel und reibt sie später im eiskalten, gefrorenen Zustand mehrere Male kräftig durch, um sie zu zerkleinern. Schnittlauch wird immer vor dem Einfrieren geschnitten. Für die tägliche Entnahme die gefrorenen Kräuter sortenweise in Schraubgläser mit Kunststoffdeckeln füllen.

Alle anderen Gemüsesorten müssen unbedingt blanchiert werden (siehe »Blanchieren«, Seite 29).

Je kleiner die Verpackungseinheit, um so schneller gefriert das Gemüse. Das kommt der Qualität zugute. Beim Verpacken zerkleinerter oder musartiger Ware, z.B. Rotkohl oder Spinat, unbedingt einen 10prozentigen Ausdehnungsraum berücksichtigen. Kunststoffbehälter sind wegen ihrer Stapelfähigkeit und Wiederverwendungsmöglichkeit am besten. Beutel zum Füllen in einen möglichst eckigen Behälter geben und die Luft durch Aufstoßen entweichen lassen. Verschließen, gefrieren und eventuell später aus den Behältern entnehmen. So bekommen die Päckchen eine gut stapelbare kubische Form, und Sie brauchen weniger Dosen.

Gemüsepüree für Suppen, Diät- und Babykost, Tomatenmark und feingehackte Kräuter können im Eiswürfelbehälter vorgefroren werden. Nach 24 Stunden und kurzer Antauzeit herauslösen und in Alufolie wie eine lange Wurstkette wickeln. Die Zwischenräume abdrehen, damit die einzelnen Portionen nach und nach verbraucht werden können.

Entsprechend der Gefrierleistung des Gefriergerätes die Gemüsepackungen nach und nach in das rechtzeitig gekühlte Vorgefrierfach, möglichst dicht am äußeren Rand, einlagern. Den Rest inzwischen im Kühlschrank aufheben. Je nachdem, ob Sie kleine oder große Packungen eingelagert haben, 8 bis 24 Stunden nach der letzten Einlagerung das Gerät, soweit es nicht elektronisch gesteuert ist, wieder auf »normal« schalten.

Haltbarkeit

Die Lagerzeit für fertig gegarten Grünkohl, Rotkohl oder Ratatouille beträgt 3 Monate. Bei Gemüsepüree, Gurken, Kräutern und Spargel rechnet man 6 Monate. Artischocken, Auberginen, Bleichsellerie, Blumenkohl, Fenchel, Lauch, Mangold, Mais, Pilze, Rote Bete, Sellerie, Suppengrün, Tomaten und Zucchini können 8 Monate aufbewahrt werden. Alle übrigen Gemüse können bis zur nächsten Ernte gelagert werden. Bei industriell tiefgekühlter Ware gilt für die Haltbarkeit immer das Stempeldatum.

Auftauen und Zubereiten

Das Gemüse unmittelbar vor der Zubereitung dem Gefriergerät entnehmen, zubereiten und sofort servieren. Die Zeitspanne zwischen Auftauen und Verzehr soll so kurz wie möglich sein.
Bei roh zu verzehrendem Gemüse gelten folgende Regeln:

- In Scheiben gefrorene Gurken, gefrorene Paprikaschoten, Rote Bete und industriell zusammengestellte Gemüsemischungen läßt man zugedeckt in einer frisch bereiteten Salatsauce ca. 3 Stunden bei Zimmertemperatur auftauen. Ganze gefrorene Gurken werden ½ Stunde aufgetaut, geschält und in Scheiben in die Sauce gehobelt und dann vollends aufgetaut.
- Meerrettich taut in der Sauce oder beim Reiben auf.
- Kräuter werden gefroren verwendet.
- Gemüsesäfte werden in der Verpackung aufgetaut und dann wie frische getrunken. Sie müssen bald konsumiert werden.

Bei leicht zerteilbaren Gemüsearten ist die sicherste und beste Zubereitung, sie gefroren in wenig Fett und einigen Eßlöffeln

Flüssigkeit zu dünsten oder in kochende Brühe zu geben. Die Garzeit soll so kurz sein, daß das Gemüse Biß, Geruch und Geschmack behält. Für kleine Portionen bis zu 300 g ist das Mikrowellengerät zum Garen von Gefriergemüse ideal.
Spinat, Rot- oder Grünkohl, also blockartig gefrorenes Gemüse, bereitet man bei sehr schwacher Hitze zu, damit beim gleichmäßigen Auftauen ein Verkochen der Randzonen vermieden wird. Beim Mikrowellengerät dafür zunächst die Auftaustufe wählen. Während des Tauens im Topf oder im Mikrowellengerät das Gemüse mit einer Gabel zerkleinern. Die Garzeit von Gefriergemüse verkürzt sich durch das Blanchieren und den Gefrierprozeß um ein Drittel oder sogar um die Hälfte der normalen Werte.
Einmal aufgetautes Gemüse nicht ungegart wieder gefrieren!

Fleisch

Durch Gefrieren von Fleisch sind nicht nur die Haltbarkeit und hygienische Sicherheit gewährleistet, auch Struktur und Nährwert, Farbe, Geruch und Geschmack bleiben bei sachgemäßer Behandlung fast 100%ig erhalten.
Ein Stadtbewohner wird zwar nicht gleich ein halbes Schwein eingefrieren, greift aber gelegentlich im Großmarkt zu. Als Besitzer eines Gefriergerätes ist er von Einkaufszeiten unabhängig und gerät bei unerwarteten Gästen nicht in Panik.
Fleisch muß vor dem Gefrieren abhängen oder reifen, sonst bleibt es bei der späteren Zubereitung zäh. Man trachte danach, junges, mageres, abgehangenes Fleisch zu kaufen oder lasse frisches, selbstgeschlachtetes Fleisch in zirkulierender Luft bei Temperaturen von 0 bis +2°C gut abhängen.

Reifungsdauer von Fleisch bei 0 bis +2°C:

Fleischart	Tage
Hammelfleisch	6–12
Kalbfleisch	6–10
Rindfleisch	4–21
Schweinefleisch	4– 7

Fleisch, das gefroren aus Neuseeland oder Australien importiert und hier verkauft wird, hat leider meistens keine Reifezeit hinter sich. Darum sollte dieses Fleisch, mit Öl bepinselt und mit einem Teller abgedeckt, nach dem Auftauen etwa 3 Tage im Kühlschrank nachreifen, ehe man es verarbeitet. Aus Südamerika importiertes vakuumverpacktes Rindfleisch reift dagegen während des Transports.
Weil ein hoher Fettanteil die Lagerzeit auf die Hälfte reduzieren kann, entfernt man es vor dem Einfrieren stets soweit wie möglich.

Einfrieren

Alles Fleisch, das gefroren wird, muß portioniert werden. Hackfleischportionen auf max. 500 g begrenzen und flach ausformen. Die Fleischstücke sollten nicht schwerer als 2,5 kg und nicht dicker als max. 10 cm sein. Achten Sie auf eine gleichmäßige, möglichst gerade und flache Form der Fleischstücke, damit sie schnell gefrieren und sich gut stapeln lassen.
Es kann nicht ausdrücklich genug darauf hingewiesen werden, daß Fleisch aus dem Supermarkt grundsätzlich nie in der Verkaufspackung gefroren werden darf, mag es noch so frisch und appetitlich darin aussehen. Papp- und Klarsichtumhüllung sind zu dünn und nicht gefriergeeignet.
Für die Verpackung nehmen wir entweder gefriergeeignete Kunststoffbeutel bzw. -folie, bei großen Mengen auch Schlauchware oder extra-starke Alufolie. Bei diesen Materialien kann die Luft

gut herausgestrichen werden. Stets neue Ware wählen (siehe auch »Verpackungen«, Seite 32).
Die Kennzeichnung der Fleischpakete ist absolut notwendig, denn im gefrorenen Zustand sieht das Hundefutter beinahe genauso aus wie ein Steak.
Soll mehr als 1 kg Fleisch in das Gefriergerät eingelagert werden, muß eine entsprechende Kältereserve durch den Superfrostschalter geschaffen werden. Denken Sie an die Gefrierleistung, damit die Innentemperatur nicht ansteigt und der Gefriervorgang sich zu langsam vollzieht. Bitte nicht alle fertiggepackten Päckchen auf einmal hineinlegen, sondern nur nach und nach. Bei großem Fleischanfall zunächst die Innereien und Hackfleisch gefrieren. Am folgenden Tag das Portionsfleisch und erst am dritten Tag die größeren, bis dahin im Kühlschrank gelagerten Bratenstücke. 8 bis 12 Stunden nach der letzten Einlagerung wieder auf »Normal« schalten.

Haltbarkeit

Rindfleisch	12 Monate
Tatar	1 Monat
Rouladen	3 Monate
Hammelfleisch, fett	8 Monate
Hammelfleisch, mager	12 Monate
Kalbfleisch	8 Monate
Schweinefleisch, fett	3 Monate
Schweinefleisch, mager	6 Monate
Hackfleisch	2 Monate
Innereien	2 Monate
Wurst, fett	1 Monat
Wurst, mager	3 Monate

Bei industriell tiefgekühlter Ware gilt für die Haltbarkeit immer das Stempeldatum.

Auftauen und Zubereiten

Dünne Stücke wie Koteletts oder Gulasch und Suppenfleisch können gefroren weiterverarbeitet werden. Sonst wird Fleisch vor der Verwendung an- oder aufgetaut. Man entfernt in der Regel die Verpackung und legt das Fleisch auf einen umgedrehten kleineren Teller in eine Schüssel und stellt es in den Kühlschrank. Je langsamer der Tauprozeß vor sich geht, um so geringer ist der Verlust an Saft und damit an wertvollen Inhaltsstoffen (Mineralstoffe, Vitamine, lösliche Eiweißverbindungen). Den austretenden Fleischsaft keinesfalls weiterverwerten. Einmal aufgetaut muß Fleisch sofort verwendet und gegessen werden, da das Eiweiß rapide verdirbt. Darum auch möglichst nicht bei Küchentemperatur auftauen.

Soll es dennoch einmal schnell gehen – vielleicht weil sich überraschend Gäste angemeldet haben –, kann man das Fleisch ohne Verpackung auf einem Rost mit einem daruntergestellten Teller im Backofen (Heißluft) bei 50 bis 60 °C auftauen. Im Mikrowellengerät darf Fleisch nur bei niedriger Schaltstufe (10 bis 30 %) aufgetaut werden, weil sonst die Oberfläche gart, der Kern aber roh bleibt. Bei größeren Stücken Standzeiten dazwischenschalten. Das Fleisch wird dafür auf einen umgedrehten Teller gelegt, damit der Fleischsaft ablaufen kann, und abgedeckt. Zwischendurch drehen und wenden.

Auftauzeiten	Fleisch je 500 g	je cm Fleischhöhe
Keller/Kühlschrank +2 bis +8 °C	6 Stunden	3 Stunden
Backofen +50 °C	1¼ Stunden	35 Minuten
kaltes Wasser	1 Stunde	30 Minuten

Mikrowellengerät (30 %) 2 x 2½–3 Minuten und 15 Minuten Standzeit.

Diese Auftauzeiten variieren je nach Fleischart. Rindfleisch hat die längste Auftau- und auch Garzeit.

Bei aufgetautem Fleisch muß man auf die etwa 30%ige Verkürzung der Garzeiten achten. Sie ist durch den Gefrierprozeß bedingt.

Besondere Hinweise für verschiedene Fleischarten

Rindfleisch enthält relativ wenig Fett und hat darum hervorragende Gefriereignung. Es wird jeweils für eine Mahlzeit portioniert.
Bei Suppenfleisch und Braten kann das Suppengrün gleich mit dazugepackt werden.
Tatar ist im zerkleinerten Zustand kürzer haltbar (1 Monat), als wenn ein Stück mageres Fleisch im ganzen dafür gefroren wird. Keinesfalls würzen! Hackfleisch läßt man im Kühlschrank, nicht in der warmen Küche antauen, bis es sich gut verarbeiten läßt. Es hält ca. 2 Monate. Hackfleischteig, der nur schwach gewürzt und roh gefroren wurde, muß innerhalb von 1 Monat aufgebraucht werden. Bereits fertig gewürzte und geformte Frikadellen, Hackfleischklößchen usw. gibt man angetaut in heißes Fett oder kochende Sauce oder Brühe. Die Bratzeit von nur angetautem Fleisch ist natürlich etwas länger als die von aufgetautem.
Auch gefüllte rohe Rouladen darf man nur sparsam würzen und muß sie bald verbrauchen. Die Rouladen in größeren Mengen fertig zu schmoren und dann zu gefrieren, bewährt sich mehr, weil die Kocharbeit dabei wesentlich reduziert wird. Sie lassen sich gut im Mikrowellengerät auftauen.
Rohe Fleischwürfel für Gulasch, rohe Fleischklöße und Frikadellen werden ca. 1 Stunde auf einem Gefriertablett oder mit Folie belegtem Brett vorgefroren, damit sie nicht aneinandergefrieren. Fleischwürfel für Gulasch oder Ragout werden so weit angetaut, bis die Stücke sich trennen lassen, und dann erst in das heiße Fett gegeben. Nicht zuviel auf einmal zugeben, da das Fett sich sonst zu stark abkühlt!
Auch bei Koteletts, Rouladen, Schnitzeln, Steaks und Würsten bewährt sich das rasche Vorgefrieren auf dem Gefriertablett. Oder die Portionen vor dem Gefrieren durch doppelte Folie voneinan-

der trennen. Alle Fleischscheiben wie Koteletts, Rouladen und Schnitzel, die durchgebraten oder paniert werden, läßt man wenigstens antauen, bis die Scheiben sich lösen und sich klopfen, würzen, rollen und panieren lassen. Fleisch für Geschnetzeltes läßt sich im angetauten Zustand viel besser als frisch oder ganz aufgetautes schneiden.

Steaks hingegen sollten langsam im Kühlschrank auftauen und 2 Stunden vor dem Grillen oder Braten bei Küchentemperatur lagern, damit sie nach dem Zubereiten innen nicht mehr kalt sind.

Kalbfleisch ist wegen des hohen Wassergehalts weniger gut gefriergeeignet. Für Kalbfleischartikel gelten im übrigen die Hinweise vom Rindfleisch.

Hammelfleisch sollte nur dann gefroren werden, wenn es wirklich frisch geschlachtet und von Fett befreit ist.

Schweinefleisch hat wegen seines hohen Fettanteils ebenfalls eine begrenzte Lagerzeit. Ein positiver Nebeneffekt: Finnen und Trichinen werden durch das Gefrieren abgetötet.

Räucherwaren, zum Beispiel roher Schinken oder Kasseler, halten sich besser ohne Gefrierung.

Auch gekochter Schinken sollte nur kurzfristig ins Gefriergerät gegeben werden, da er wäßrig und faserig wird.

Frischwurst, eventuell durch Folien getrennt, kann in Tagesportionen verpackt eingelagert werden. Wurst und Aufschnitt, in möglichst kleinen Portionen gefroren, werden in der Küche oder im Kühlschrank aufgetaut und wie gewohnt serviert und bald verzehrt. Nur in eiligen Fällen gibt man diese Artikel bei normaler Auftaustufe je nach Menge für 2mal ½ bis 1 Minute ins Mikrowellengerät.

Frische Leber- und Blutwürste neigen beim Einfrieren dazu, grießig zu werden. Bratwürste müssen länger als normal abgebunden werden und sollten möglichst vor dem Gefrieren gebrüht werden. Brat- und Kochwürste werden im allgemeinen unaufgetaut verwendet. Bratwürste werden durch kurzes Eintauchen in heißes Wasser getrennt, sorgfältig abgetrocknet und dann gebraten. Koch-

würste werden gefroren in siedendem Wasser oder Brühe oder auf Sauerkraut erhitzt. Sie können nach vorsichtigem 1 bis 3minütigem Antauen bei niedriger Auftaustufe und anschließendem Anstechen auch vorsichtig in Brühe im Mikrowellengerät erhitzt werden.
Innereien müssen sorgfältig vorbereitet, also von Röhren und Kanälen befreit und gründlich gewaschen werden. Leber wird durch den Gefriervorgang leicht zu weich. Es bewährt sich aber, eine größere Portion Leber durch den Fleischwolf zu drehen und entsprechende Mengen von 100 oder 200 g – je nach Rezept – in Behältern passender Größe für Leberspätzle oder -knödel zu gefrieren. Innereien taut man je nach Zubereitungsart an oder auf. Sie können sie leicht angetaut in Stücke schneiden und so zum Braten und für Ragouts verwenden.
Knochen müssen nach Möglichkeit ausgelöst werden, weil sie viel Platz erfordern und sehr leicht die Verpackung durchstoßen, Koteletts bilden hierbei eine Ausnahme. Bei reichlichem Knochenanfall lohnt es sich, einen großen Topf Brühe zu kochen, diese einzukochen und dann portionsweise zu gefrieren. Brühe kann sowohl über Nacht im Kühlschrank als auch auf dem Herd oder schnell im Mikrowellengerät auftauen.
Hunde- und Katzenfutter in Tagesportionen einzufrieren lohnt nur bei reichlich Gefrierplatz und günstigem Einkauf. Deutliche Beschriftung nicht vergessen.
Über *industriell zubereitete Tiefkühlgerichte* und Fertiggerichte mit Fleisch, wie Gulasch, Ragout oder gebratene Frikadellen lesen Sie mehr im Abschnitt Fertiggerichte (Seite 85).

Geflügel, Wildgeflügel und Wild

Einfrieren von Haus- oder Wildgeflügel sowie Wild ist eigentlich nur für Landhaushalte und Jäger interessant. Beim Einkauf von industriell tiefgekühlter Ware auf eine unverletzte Verpackung achten. Eisbildung oder blutunterlaufene Stellen sind immer ein schlechtes Zeichen. Gefrierbrand ist an weißen oder bläulichen Stellen erkennbar.

Einfrieren

Frisches Geflügel wird bald nach dem Ausbluten gerupft und ausgenommen und dann 24 Stunden, am besten im Kühlschrank, gelagert, ehe es gefroren wird. Wildgeflügel sollte vor dem Rupfen 3 bis 4 Tage hängen, sonst bleibt es zäh. Wer Platz im Gefriergerät sparen will, teilt das Geflügel längs in zwei Hälften, die schalenförmig ineinander gelegt werden, oder in Portionsstücke. Die Innereien werden entweder sofort frisch verbraucht oder separat verpackt.
Das frischerlegte Wild muß wie üblich gut ausbluten und sollte bei 2 bis 4°C 2 bis 3 Tage abhängen. Es wird nach dem Häuten feucht abgewischt und je nach Verwendungszweck in Stücke von maximal 2,5 kg portioniert.
Als Verpackungsmaterial haben sich für Geflügel und Wild feste Spezial-Kunststoffbeutel oder extra-starke Alufolie am besten bewährt. Auf jeden Fall die Luft vor dem Verschließen herausstreichen und die Ware kennzeichnen.
Selbstverständlich können auch knapp gegarte Fertiggerichte mit ungebundener Sauce aus frischem Geflügel oder Wild eingefroren werden.

Haltbarkeit

Wildgeflügel, Hähnchen, nicht zu fette Hühner und Puten sind in der Regel 12 Monate, fette Hühner, Enten und Gänse ca. 6 Monate haltbar. Durch Füllungen wird die Haltbarkeit auf 3 bis 4 Monate reduziert. Mageres, ungespicktes Wild hält sich 12 Monate. Wildpasteten und -fertiggerichte, deren Saucen weder durch Mehl noch durch Sahne gebunden sein dürfen, sollten innerhalb von 3 Monaten gegessen werden. Bei industriell tiefgekühlter Ware gilt für die Haltbarkeit immer das Stempeldatum.

Auftauen und Zubereiten

Zum Auftauen Geflügel und Fleisch immer aus der Verpackung nehmen. Am besten geben Sie das Geflügel über Nacht zum Tauen in den Kühlschrank, also nicht in die warme Küche. Achten Sie darauf, daß der Fleischsaft ablaufen kann, z.B. indem Sie die gefrorenen Stücke auf einen umgedrehten kleineren Teller auf einen großen Teller legen. Den Fleischsaft wegen der Salmonellengefahr vernichten! Arbeitsplatz und Behälter sehr gewissenhaft säubern. Das Geflügel vor der Zubereitung sorgfältig unter fließendem Wasser waschen.

Gänse oder Puter brauchen im Kühlschrank allerdings 1 bis 2 Tage zum Auftauen. Hier empfiehlt sich unter Umständen die schnellere Auftaumethode durch Umluft im auf 50 °C erhitzten Backofen. In diesem Fall das ausgepackte Geflügel auf einen Rost mit einem daruntergestellten Teller geben. Mikrowellengeräte sind zum Tauen von großem Geflügel fast immer zu klein. Die Innereien nimmt man zwischenzeitlich – sobald sie sich lösen lassen – heraus und läßt sie getrennt auftauen. Bei bereits gefüllt gefrorenem Geflügel sind die Auftauzeiten übrigens um ca. 50 % länger.

Geflügelteile und Geflügelklein werden nur so weit angetaut, bis sich die Teile trennen lassen. Auch sie müssen gut gewaschen werden, dabei tauen sie meistens gänzlich auf.

Suppenhühner wandern gefroren in den Kochtopf.

Im Mikrowellengerät kann man den Tauprozeß bei kleineren Geflügel- und Wildstücken beschleunigen. Man legt das Fleisch dafür auf einen kleinen umgedrehten Teller, so daß der Saft auf den darunter gestellten größeren Teller abfließen kann. Dünne Teile und Flügel müssen mit Alufolie vor dem vorzeitigen Garen geschützt werden. Die Auftaustufe wählen, am besten mit Intervallen, und die Teile zwischendurch immer wieder wenden und drehen. Für 500 g rechnet man 8 Minuten Auftau- und 10 bis 15 Minuten Standzeit.

Wildgeflügel und Wild werden wie anderes Geflügel oder Fleisch aufgetaut und zubereitet. Feinschmecker tauen Wild in Buttermilch oder in einer Beize aus Buttermilch oder Rotwein und etwas Essig mit Zwiebeln und Gewürzen in 1 bis 2 Tagen auf.
Aufgetautes Geflügel, Wildgeflügel und Wild muß, soweit es nicht in Beize liegt, unmittelbar zubereitet und verzehrt werden. Die Infektionsgefahr ist wesentlich erhöht.
Achten Sie auf die durch die Tiefkühlung um etwa 30% verkürzten Garzeiten bei aufgetautem Geflügel, Wildgeflügel und Wild.
Fertiggerichte aus frischem Geflügel, Wildgeflügel oder Wild, gleichgültig ob selbst gefroren oder industrieller Herkunft, werden wie andere Fertiggerichte aufgetaut und erwärmt. Falls sie aus gefrorener Ware zubereitet wurden, dürfen sie nur in Ausnahmefällen kurzfristig ein zweites Mal eingefroren werden.

Fisch, Krusten- und Weichtiere

Früher versuchte man, durch Trocknen, Pökeln, Marinieren oder Räuchern den Verderb von Fisch zu unterbinden. Heute wird der größte Teil durch Tiefkühlung haltbar gemacht.
Grundsätzlich sind alle Fische, also See- und Süßwasserfische, hervorragend zum Gefrieren geeignet. Das sollte aber unmittelbar nach dem Fang, also meist auf hoher See, durch Schockfrostung bei –40°C, erfolgen. 90% aller Seefische, die wir in Deutschland verbrauchen, werden so haltbar gemacht. Oft wird die Ware bereits auf See zu Fertigprodukten verarbeitet.
Bei Süßwasserfischen liegen die Dinge etwas anders. Wer angelt oder einen Fischteich besitzt, wird gelegentlich selbst Fische ins Gefriergerät einlagern. Die unbedingt fangfrischen Fische müssen gut ausbluten und gesäubert werden. Dabei darf die Galle nicht verletzt werden. Ob man den Fisch mit Gräten gefriert, ob man ihn filetiert oder in Scheiben portioniert, ist eine Frage der Größe.

Kleine Fische gefrieren auch ohne Zerteilen schnell genug. Fische oder Scheiben davon sollten nicht dicker als 3 cm sein.

Einfrieren

Die Vorgefriermethode ist für Fische ideal. Das Gefriertablett oder ein nicht zu großes Tablett wird mit einem Stück Folie bedeckt. Dann werden die Fische so darauf gelegt, daß sie sich nicht berühren. Sie erstarren binnen 2 Stunden im Vorgefrierfach. Anschließend werden sie glaciert (siehe Seite 32), verpackt, beschriftet und wieder ins Vorgefrierfach gegeben.

Haltbarkeit

Die Haltbarkeit von Fischen ist begrenzt, da das Fischfett auch bei tiefen Temperaturen tranig wird. Fetthaltige Fische müssen innerhalb von 1 bis 3 Monaten verbraucht werden. Magere Fische sind 6 bis 8 Monate haltbar. Das Haltbarkeitsdatum ist bei industriell tiefgekühlter Ware auf der Verpackung vermerkt.

Auftauen und Zubereiten

Tiefgefrorener Fisch wird nach dem gleichen Rezept zubereitet wie frischer.
Kleine Fische wie Forellen, Felchen oder Schleien kommen gefroren, mit heißem Essig übergossen, um die gewünschte Blaufärbung zu erzielen, in den Sud oder werden, mit Essig übergossen, abgedeckt im Mikrowellengerät aufgetaut und gegart.
Tiefgekühltes Fischfilet wird gefroren oder angetaut verwendet. Man nimmt es aus dem Karton und läßt es in der Zellophanhülle etwas antauen, bis es sich gut löst. Portionierter Fisch, der zu einem Block gefroren wurde, oder einzelne kleine Fischfilets werden so weit aufgetaut, bis die Teile sich trennen lassen. Soll es ausnahmsweise einmal schneller gehen, muß man den Block, möglichst im verschlossenen Innenbeutel, für kurze Zeit unter fließendes kaltes Wasser legen. Im Mikrowellengerät tauen erfahrungsgemäß

die Randzonen zu stark auf. Sie müßten während der ca. 2x6 Minuten Auftauzeit durch Alufolie geschützt werden. Den Fisch nur so lange im Gerät lassen, bis sich die einzelnen Filets oder Fische voneinander lösen lassen. Sonst bereitet man die angetauten Fische nach dem Säuern und Salzen wie gewohnt zu.
Größere Fische, wie Karpfen oder Hechte, müssen vor der Zubereitung auftauen, da sie sonst beim Kochen außen zerfallen und innen roh bleiben. Das Auftauen sollte im Kühlschrank erfolgen, der Fisch bleibt dann saftiger.
Räucherfische wie geräucherte Aale, Bücklinge, Forellen, Lachse, Makrelen oder Renken schmecken frisch, möglichst noch warm aus der Räucherkammer, bekanntlich am allerbesten. Wer sich dieses Vergnügen häufiger leisten möchte, packt die noch beinahe rauchwarmen Fische einzeln in Kunststoff- oder Alufolie ein, streicht die Luft heraus und verschließt die Päckchen sorgfältig. Bis zum endgültigen Erkalten in den Kühlschrank legen, dann in das Vorgefrierfach. Keinesfalls lauwarm direkt ins Gefriergerät geben, weil dadurch die übrigen Vorräte in Mitleidenschaft gezogen würden.
In Alufolie verpackte Räucherfische läßt man am besten etwas auftauen und gibt sie dann kurz unter den Grill, in den Mikrowellenherd oder in den Backofen, um sie leicht erwärmt zu servieren.
Aufgetauten und zubereiteten Fisch schnellstens verbrauchen, nicht wieder gefrieren!

Besondere Hinweise für Krusten- und Weichtiere

Hummer, Krebse und Scampi, soweit sie lebend gekauft wurden, werden in der üblichen Weise durch Eintauchen in kochendes Wasser getötet. Für Gefrierware aber kein Salz, nur Dill zufügen. Sie können entweder nach dem Töten gleich wieder herausgenommen und roh gefroren werden, was der Lagerdauer und Qualität zugute kommt. Oder sie werden wie üblich, aber nur knapp

gegart. Krusten- und Schalentiere mit erkaltetem Kochsud in den Behälter geben. Scampi und Krabben kann man auch roh in der Schale gefrieren.
Hummer, Krabben, Krebse, Langusten, Langustinen, Scampi und Shrimps werden aufgetaut (2 bis 3 Stunden bei Raumtemperatur oder 2mal 3 bis 4 Minuten für je 200 g im Mikrowellengerät) und wie gewohnt serviert. Gekochte Krabben dürfen für warme Gerichte nur ganz kurz in der Sauce erhitzt, nicht gekocht werden, sonst werden sie zäh. Rohe Krabben oder Scampi werden entweder gefroren in kochendes Wasser gegeben, in dem sie 3 bis 5 Minuten ziehen sollen, oder man taut sie vorsichtig unter gelegentlichem Umrühren im Mikrowellengerät bei Auftaustufe auf.
Muscheln gefriert man am besten gegart und knapp mit erkaltetem Sud bedeckt. Muscheln werden im Kühlschrank, bei Zimmertemperatur oder noch schneller im Mikrowellengerät im Sud aufgetaut und wie üblich zubereitet.
*Schnecken*liebhaber haben längst entdeckt, daß gefrorene Schnekken köstlich und der Konservenware weit überlegen sind. Da es vorzügliche, industriell tiefgekühlte Schnecken zu kaufen gibt, lohnt das Einfrieren nicht. Schnecken mit Kräuterbutter werden im Backofen erhitzt, denn im Mikrowellengerät könnten die Häuschen platzen.

Eier und Molkereiprodukte

Jeder, der ein Gefriergerät besitzt, wird einen gewissen Vorrat an diesen Produkten haben wollen, um nach der Heimkehr von der Urlaubsreise, an Festtagen oder bei unverhofften Gästen den erhöhten Verbrauch decken zu können.
Auch hier gilt: Die Haltbarkeitszeiten nicht überschreiten und einmal an- oder aufgetaute Eier und Molkereiprodukte nicht wieder gefrieren. Bei industriell tiefgekühlter Ware gelten die Herstellerangaben.

Alle Molkereiprodukte sollen bei Zimmertemperatur oder noch besser im Kühlschrank, entweder in der Verpackung oder zugedeckt in einer Schüssel, langsam auftauen. Bis zum Verbrauch gut kühl halten. Beschleunigen können Sie den Auftauprozeß, wenn Sie die Produkte in der luft- und wasserdichten Verpackung einige Zeit unter fließendes kaltes Wasser halten. Wegen der Überwärmungs- und Gerinnungsgefahr kein warmes Wasser nehmen. Im Mikrowellengerät sind die Ergebnisse auch bei nur 10%iger Leistung selten befriedigend.
Einmal aufgetautes Gefriergut nicht wieder gefrieren, sondern bald verbrauchen.
Eier lassen sich nur im rohen Zustand ohne Schale, auch getrennt als Eiweiß oder Eigelb, jeweils mit 1 Msp Salz oder Zucker verschlagen, gefrieren. Kleine Behälter wählen und die Mengen genau notieren. Wer in der Spargelzeit seine Suppen und Saucen großzügig mit Eigelb legiert, kann das Eiweiß für Makronengebäck in der Weihnachtszeit aufheben. Die Haltbarkeit beträgt 10 bis 12 Monate. Gekochte Eier werden zäh und gummiartig. Das gilt auch für gekochte Eier in gemischten Salaten.
Selbstbereitete *Mayonnaise* und damit zubereitete Salate lassen sich nicht gefrieren. Industriell gefertigte Mayonnaise aus Trockenei hält sich auch ohne Tiefkühlung, die damit zubereiteten Salate können aber eingefroren werden.
Süßrahmbutter, Butterschmalz und Margarine sind hervorragend zum Gefrieren geeignet. Sie halten sich bis zu einem Jahr ohne nennenswerte Qualitätseinbußen. Für langfristige Lagerung die Butter zusätzlich noch einmal in Kunststoff- oder Alufolie einpacken. Bei Butterschmalz und Margarine genügen zur Einlagerung die Verkaufspackungen. In der Verpackung auftauen lassen und wie gewohnt bald weiterverwenden.
Nur *homogenisierte Milch* eignet sich zum Einfrieren. Milch kann nicht in Flaschen, wohl aber in Verkaufspackungen aus kaschiertem Karton gefroren werden. Gerichte mit Milch sind gefrierbar, wenn das Bindemittel gefriergeeignet ist. Das ist beispielsweise bei

Grieß oder Reis der Fall, nicht aber bei Stärke oder daraus hergestelltem Puddingpulver. Milch läßt man langsam in der Verpakkung auftauen. Als Trinkmilch ist sie weniger geeignet.

Sahne mit einem möglichst hohen, 30 bis 40%igen Fettgehalt ist in der Verkaufspackung vorzüglich zum Gefrieren geeignet. Wer 1 l Sahne auf einmal mit der Küchenmaschine schlägt und dann portionsweise gefriert, spart eine Menge Zeit. Eventuell die geschlagene Sahne mit einem Löffel oder dem Spritzbeutel auf ein mit Kunststoff- oder Alufolie belegtes Blech oder das Gefriertablett geben, dann gefrieren und später verpacken. Ungeschlagene Sahne ist 3 bis 4 Monate, geschlagene 2 bis 3 Monate haltbar. Flüssig gefrorene Sahne wird aus der Verpackung genommen und angetaut geschlagen. Sie wird am besten steif, wenn noch kleine Eisstückchen sichtbar sind. Kleine Portionen von gefrorener Schlagsahne werden unaufgetaut auf Torten oder Süßspeisen gelegt und tauen dort in 10 bis 15 Minuten auf. Für Kaffee ist gefrorene Sahne ungeeignet, da sie ausflockt.

Saure Sahne wird nach dem Auftauen grießig.

Auch *Joghurt, Buttermilch und Dickmilch* sind zum Gefrieren ungeeignet: Die Molke setzt sich ab, die Masse wird grießig und sieht wie geronnen aus.

Quark weist je nach Marke unterschiedliche Gefriereignung auf. Man muß ausprobieren, welche Sorten grießig werden. Er kann gleich in der Verkaufspackung gefroren werden und hält sich bis zu 1 Jahr. Er kann aber auch mit Salz und Kräutern oder mit Zukker und Früchten zubereitet und erst dann portioniert und gefroren werden. Quark taut problemos im Kühlschrank auf. Hüttenkäse läßt sich dagegen nicht mit gutem Resultat gefrieren.

Käse zu gefrieren ist weit schwieriger. Jede Sorte ergibt ein anderes Resultat. Für die mehr als 300 erhältlichen Sorten ist es unmöglich, präzise Angaben zu machen. Grundsätzlich sind fetthaltige Weichkäse am besten geeignet. Wenn es sich um Camembert und ähnliche Arten handelt, müssen sie vor dem Gefrieren die richtige Reife haben, denn die Bakterien, die diese Reifung bewirken, sterben bei Temperaturen unter 10 °C ab. Junge, fetthaltige Weichkäse sind im allgemeinen besser haltbar als alte, fettarme Hartkäse. Diese werden wäßrig oder trocken und mehlig bzw. krümelig und rauh. Bei Käse soll die Verpackung einwandfrei sein und eng anliegen, so daß keine Luft an den Käse gelangen kann. Sonst werden ihm Feuchtigkeit und Aroma entzogen. Da einmal gefrorener und dann aufgetauter Käse schneller als Frischkäse austrocknet, muß er so portioniert werden, daß er binnen 1 bis 2 Mahlzeiten verzehrt wird. Bei Schnittkäse wird durch Kunststoffolie zwischen den einzelnen Scheiben das Zusammenkleben verhindert und später rasches Auftauen gefördert. Die Haltbarkeit von Käse ist je nach Sorte auf 3 bis 6 Monate begrenzt. Zum Rohgenuß wird Käse am besten in der Verpackung langsam aufgetaut. Gefrorener Hartkäse in Scheiben ist ideal für Käsetoasts.

Es lohnt sich, Reibkäse zu gefrieren, der, falls es sich nicht gerade um Parmesan handelt, sonst ja immer sehr leicht schimmelt. Auch das Gefrieren einer Portion Käsemischung für Fondue hat sich als praktisch erwiesen. Reibkäse und Fonduemischung werden gefroren den Speisen zugefügt.

Eiscremes, Eistorten und Eisrouladen werden von der Tiefkühlindustrie so vorzüglich und vielseitig angeboten, daß die eigene Zubereitung kaum lohnt. Sie sollten beim Verzehr nicht mehr völlig hart sein, sondern an der Oberfläche leicht angetaut. Erst dann entfalten sie ihr spezielles Aroma. Sie können diese Produkte für ½ Minute bei geringster Stufe in das Mikrowellengerät geben, um diesen Effekt zu erzielen.

Brot, Kuchenteig und Gebäck

Für jeden Haushalt, ob groß oder klein, ist das Gefrieren von Brot, Brötchen und Gebäck ein großer Vorteil. Gerade im Kleinhaushalt, wo das Backen früher unrentabel schien, können nun Kuchen und Brot in kleinen Portionen eingefroren werden. Weihnachtsvorbereitungen bedeuten nicht mehr Stoßzeitarbeit kurz vor dem Fest, denn Plätzchen und Stollen lagern, vielleicht schon in Scheiben geschnitten, im Gefrierschrank. Und im Februar gibt es Zwetschgendatschi.

Sowohl Brot, Brötchen als auch Gebäck, gleichgültig, ob als Teig oder fertiggebacken gefroren und dann wieder aufgetaut, trocknen rascher aus als nicht gefrorene Ware. Bei Lagerung im Temperaturbereich zwischen –7 °C und Zimmertemperatur löst sich nämlich die Verkleisterung der Stärke langsam auf und die Stärke beginnt sich wieder in ihre ursprüngliche, pulverförmige Substanz aufzukristallisieren. Dabei wird Wasser ausgeschieden, welches das Brot und Gebäck erst weich macht, anschließend aber verdampft, so daß das Brot alt und trocken wird. Es ist darum besonders wichtig, Brot und Gebäck sorgfältig zu verpacken. Auch aus diesen Gründen sollen Brot und Gebäck bereits in lauwarmem Zustand verpackt und anschließend für kurze Zeit in den Kühlschrank gelegt werden. Sobald Brot und Gebäck dann richtig kalt sind, kommen sie ins Gefriergerät.

Einfrieren

Entgegen der sonst üblichen Regel sollen Brot, Teig und Gebäck nicht an den Rand des Gefriergeräts, sondern immer in die Mitte gelegt werden. Die Kruste wird dann nicht weich.

Portionieren gemäß dem voraussichtlichen späteren Verbrauch ist wegen der schnellen Alterung besonders ratsam. Für Kleinhaushalte wird Brot darum in Scheiben geschnitten eingepackt. Auch Kuchen unbedingt passend für den späteren Verzehr portionieren. Kleingebäck, Creme- und Sahnetorten sollten vor dem Einpacken ca. 1 Stunde eventuell auf dem Gefriertablett vorgefroren werden, so daß die äußere Schicht schon etwas fest wird. Unter Tortenböden oder Plattenkuchen legt man vor dem Einpacken ein mit Folie bezogenes Stück Pappe passender Größe, damit die Kuchen nicht brechen und sich gut stapeln lassen. Beim Verpak-

ken in Beuteln die Luft herausstreichen. Sorgfältig verschließen und kennzeichnen.
Beim Gefrieren von mehr als 1 kg muß das Gefriergerät, soweit es nicht elektronisch gesteuert wird, 5 Stunden vorher auf »Super-/ Schnellgefrieren« gestellt werden.

Haltbarkeit

Die Haltbarkeit belegter Brote und gewürzter Teige beträgt nur 1 bis 2 Monate. Kuchenteige sind in der Regel 2 bis 3 Monate haltbar. Fettarmes Gebäck hält sich 4 bis 6 Monate, fettreiches Gebäck und Brot 6 bis 10 Monate.

Auftauen und Zubereiten

Die gefrorene Ware soll vor dem Verzehr möglichst schnell aufgetaut werden. Die beste Methode für das Auftauen ist, Brot und Gebäck zunächst 1 bis 2 Stunden in der Küche tauen zu lassen und dann noch 5 bis 10 Minuten im Backofen (bei 225 °C) oder unter dem Grill aufzubacken.
Zum schnellen Auftauen im Mikrowellengerät das Brot oder Gebäck ausgepackt auf eine doppelte Lage Küchenkrepp legen, so daß die Feuchtigkeit aufgesaugt wird. Nicht abdecken. Obstkuchen werden beim Auftauen im Mikrowellengerät leicht matschig. Bei Sahne- und Buttercremetorten ist das Risiko der Überhitzung groß. Es darf nur für ganz kurze Zeit die 10%ige Auftaustufe eingeschaltet werden. Die Kruste von frisch aufgetautem Gebäck bröckelt und splittert leicht. Schneiden Sie es darum erst etwa ½ Stunde nach dem Auftauen an.
Einmal aufgetautes Brot oder Gebäck sollte möglichst noch am gleichen Tag gegessen werden, denn es schmeckt schneller altbakken als frische Ware.

Besondere Hinweise für einzelne Produkte

Brot.

Zum Einfrieren helle Brötchen von der Mittagsproduktion kaufen, da die Frühsemmeln möglicherweise schon einmal vom Bäcker gefroren wurden. Beim Tauen und Aufbacken von Brötchen oder Weißbrot schüttet man 1 Tasse Wasser auf ein Backblech, das unter den Rost geschoben wird. Übrigens: Bei aufgebackenen Brötchen und Weißbrot platzt die Kruste nicht so leicht, wenn man sie zunächst bei Zimmertemperatur in etwa ½ Stunde fast auftauen läßt und dann noch 1 bis 2 Minuten in den vorgeheizten Backofen schiebt. Auch wer die Brotenden vor dem Gefrieren abschneidet, kann das Abplatzen vermeiden, da dann die Luft innerhalb des Brotes zirkulieren kann.

Toastbrot oder Mischbrotscheiben in einen Gefrierbeutel passender Größe geben und verschließen. Später kann man einzelne Scheiben entnehmen. Sie tauen während des Röstens auf.

Auch wenn das Mischbrot oder Vollkornbrot in Kunststoffolie verschweißt verkauft wurde, muß es zusätzlich nach dem Teilen noch einmal eingepackt werden.

Fertige Schnitten zu gefrieren lohnt vor Reisen oder Ausflügen. Aber frische Blattsalate, Tomaten, Gurken, gekochtes Ei, Mayonnaise und Marmelade sind als Brotbelag ungeeignet. Gut geeignet sind hingegen Kräuterbutter, Quark, vollfette Weichkäse, Streichwurst, Frikadellen, Roastbeef, Corned-Beef, Fischpasteten und Erdnußbutter. Alle Sandwiches müssen, einzeln durch Folie getrennt, sorgfältig in Kunststoff- oder extra-starke Alufolie oder Dosen verpackt werden. Man läßt sie in der Verpackung innerhalb einer guten halben Stunde in der Küche oder in 2 Stunden im Kühlschrank auftauen.

Kuchenteig.

Bei rohen Teigen muß man mit Gewürzen, besonders Vanille, Zimt und Zitronenschale, sparsam umgehen. Gebäck nie mit Milch, Eigelb oder Wasser bepinseln, sondern stets mit zerlasse-

nem Fett, gleichgültig ob es als Teig oder als fertiger Kuchen gefroren werden soll. Alle Formen müssen stärker als normal gefettet werden, weil sonst die Kruste weich wird.
Industriell gefertigter tiefgekühlter Blätterteig hat vorzügliche Gefriereigenschaften. Er muß vor der Verarbeitung in der Verpackung bei Kühlschrank- oder Küchentemperatur vollständig auftauen. Dieser Auftauprozeß darf durch nichts beschleunigt werden.
Brandteig roh zu gefrieren lohnt nicht.
Hefeteig kann im rohen Zustand sehr gut gefroren werden. Wir können ihn tiefgekühlt kaufen oder selbst zubereiten, müssen dabei aber die Hefemenge um 30% erhöhen. Er muß später vor dem Backen gehen, am besten direkt im Backofen bei 50°C.
Honigkuchenteig ist sehr gewürzintensiv. Zum Gefrieren sparsam würzen und nicht länger als 2 Wochen lagern. Vor der Verarbeitung in der warmen Küche verpackt auftauen. Oder fertiges Gebäck einfrieren.
Mürbeteig gefriert man am besten portionsweise blockartig oder zu Rollen ausgeformt. Über Nacht im Kühlschrank oder in der kühlen Küche in der Verpackung auftauen lassen. Mürbeteigrollen können im angetauten Zustand geschnitten und dann als Plätzchen gebacken werden.
Quarkblätterteig eignet sich entweder blockartig oder schon fertig zu Gebäck ausgeformt hervorragend zum Gefrieren. Er wird wie Blätterteig behandelt.
Quarkölteig hat zwar hervorragende Gefriereignung, ist aber, da sehr schnell frisch hergestellt, zum Gefrieren unrentabel.
Fetter Rührteig, bei dem die Fettmenge der Mehlmenge entspricht, hält sich ganz besonders gut. Ehe der Kuchen gebacken wird, muß der Teig völlig auftauen, damit die Backzeiten stimmen.
Bei Strudelteig die Strudelblätter rasch zusammenlegen und verpacken, weil sie sonst austrocknen. Während des Auftauens im Kühlschrank oder in der Küche die Verpackung auf keinen Fall entfernen, damit der Teig nicht austrocknet. Besser gefriert man

den bereits gefüllten Strudel. Da das Gebäck nicht sehr hoch ist, kann der Strudel im gefrorenen Zustand gebacken werden. Die Backzeit verlängert sich etwas.
Gefrorene Streusel sind sehr praktisch.
Ob man Kuchenbelag (Obst, Streusel, Mohn- oder Nußmasse) vor oder nach dem Gefrieren auf den Teig gibt, ist Ansichtssache.
Hefe zu gefrieren, lohnt sich sehr. Sie muß sofort nach dem Auftauen verbraucht werden und wird darum am besten mit lauwarmer Milch übergossen. Gefrorene Hefe wird beim Auftauen oft flüssig, büßt aber ihre Triebkraft nicht ein.

Fertige Kuchen.
Das Gefrieren fertiger, hausgemachter Kuchen ist wegen der Zeit- und Energieersparnis beim Backen und der leichteren Portionierung dem Gefrieren roher Teige meistens vorzuziehen. Grundsätzlich sind die meisten fertigen Gebäckarten, besonders die fetthaltigen Kuchen und Gebäcke, hervorragend zum Gefrieren geeignet. Makronen und Baiser allerdings werden zäh. Das gilt auch für Gebäck mit Baiser- oder Makronenhaube.
Ob man Kleingebäck gefriert, ist eine Platzfrage. Es bleibt jedenfalls frisch wie am ersten Tag.
Fertig gekaufter Kuchen soll nur gefroren werden, wenn er wirklich frisch ist.

Tips zum Einfrieren von fertigem Gebäck

Rechteckige Plattenkuchen und Kastenformen sind runden Napfkuchen oder Tortenböden aus Platzgründen vorzuziehen.
Gebäck, Torten und Tortenböden halten sich ohne Füllung länger und lassen sich besser stapeln. Sahnefüllungen mit Zusatz von Mokka oder Schokolade haben bessere Gefriereignung als solche mit Früchten. Quarksahnefüllung ist trotz des Gelatinegehaltes gefriergeeignet. Marmeladefüllungen werden nach dem Auftauen feucht und unansehnlich.

Tortenguß, beispielsweise für Erdbeertorte, wird trübe und wäßrig, ist also nicht gefriergeeignet.
Auch gebackene Quarktorte, Obstkuchen mit Quarkguß und Buttercreme mit Puddingzusatz werden wäßrig. Darum zum Gefrieren Buttercreme nur aus Butter, Eigelb, Puderzucker und Vanille oder Kakao zubereiten.
Schokoladenüberzug und Puderzuckerguß werden beim Auftauen feucht und unansehnlich, die Kakaobutter scheidet aus. Darum Kuchen und Kleingebäck erst unmittelbar vor dem Servieren damit garnieren. Das gilt auch für Schokoladenstreusel, Bonbons und kandierte Früchte. Zucker oder Puderzucker werden unansehnlich.
In Spezialformen aus Alufolie gefrorenes Gebäck läßt man am besten auch darin auftauen oder bäckt es darin im Ofen auf. Beim Auftauen im Mikrowellengerät muß die Aluminium-Umhüllung entfernt werden.
Gedeckte Obstkuchen und Strudel schmecken frisch im Backofen aufgebacken am besten.
Tortenböden werden kurz im Backofen, im Mikrowellengerät oder bei Zimmertemperatur angetaut und dann mit gefrorenem oder frischem Obst belegt. Nach einer knappen Stunde ist der Tortenguß fest, das Gefrierobst und der Tortenboden sind aufgetaut.
Aber man kann alle Kuchen auch nur bei Zimmertemperatur langsam auftauen lassen. Das ist bei gefüllt gefrorenen Torten oder Biskuitrouladen sogar am besten. Torten, die ungefüllt gefroren wurden, und auch bereits gefüllte Buttercreme- und Sahnetorten lassen sich am besten leicht angetaut schneiden.

Fertiggerichte

Immer mehr Hausfrauen stellen fest, wie praktisch es ist, besonders arbeitsintensive Gerichte gelegentlich auf Vorrat zu kochen und zu gefrieren. Man spart Geld und sehr viel Zeit. Aber nicht alle Gerichte eignen sich dafür, fertig gekocht eingefroren zu werden. Um gute Erfolge zu erzielen, muß man sich einige Grundkenntnisse zu eigen machen und experimentierfreudig sein.

Nachfolgend einige Tips:

- Grundsätzlich nur erstklassige, frische Nahrungsmittel verwenden und nicht bereits gefrorene und wieder aufgetaute.
- Die Garzeit sehr knapp bemessen. Speisen, die vor dem Einfrieren ganz weich gekocht waren, sind nach dem Aufwärmen musig.
- Gewürz-, Milch- und Fettzugaben knapp halten.
- Keine Gerichte mit gekochten Eiern oder geschlagenem Eischnee gefrieren.
- Wackelpeter und Tortenguß lassen sich nicht gefrieren. Gelatinespeisen sind nur gefriergeeignet, wenn sie mit Eiern und mit Sahne zubereitet wurden.
- Keine saure Sahne oder selbstbereitete Mayonnaise an Speisen geben, weil sie gerinnen. Industriell hergestellte Mayonnaise aus Trockenei ist dagegen gefriergeeignet.
- Suppen und Saucen nicht mit Mehl, Stärkemehl oder Sago binden. Weiße Saucen aus dem Päckchen oder Beutel und Grieß in Suppen, Saucen und Süßspeisen sind dagegen hervorragend zum Gefrieren geeignet.
- Auf voluminöse Zutaten wie Kartoffeln, Nudeln oder Reis für langfristige Lagerung verzichten. Aus Platzgründen Brühe und Suppen einkochen lassen.
- Essig, Wein und Eigelb zum Legieren möglichst erst nach dem Auftauen an die Speisen geben.
- Dill, Kerbel, Petersilie und Schnittlauch, also Kräuter, die in der Regel nicht mitkochen sollen, gefriert man besser separat ein.
- Kapern, Kümmel, Ingwer, Meerrettich, Nelken, Zimt und Zitronenschale haben gute Gefriereigenschaften.
- Zwiebeln und Knoblauch werden muffig.

- Basilikum, Dill, Estragon, Salbei und Thymian verlieren an Geschmack.
- Bohnenkraut, Majoran, Muskat, Paprika, schwarzer Pfeffer, Senf und Vanille verstärken ihr Aroma, daher knapp verwenden.
- Selleriesalz bekommt einen Beigeschmack.

Soweit man die oben angeführten Regeln bedenkt, sind folgende Speisen besonders gut geeignet:

- Gerichte, die sonst leicht blähen, wie Kohl oder Hülsenfrüchte.
- Gerichte, die erfahrungsgemäß in großen Mengen besser gelingen oder die überhaupt nur in großen Mengen gut hergestellt werden können. Typische Beispiele dafür sind: Eierstich, Leberspätzle, Minestrone oder Pichelsteiner, Siedfleisch, das riesige Suppenhuhn, Zunge, alle Arten von großen Braten, gefüllte Kalbsbrust, Wildgerichte, Gänseklein am dritten Weihnachtstag und Bologneser Sauce.
- Gerichte, die lange Garzeiten haben, z.B. Siedfleisch, Ochsenschwanz, Hülsenfrüchte, Sellerie oder Rote Bete.
- Gerichte, die sehr arbeitsintensiv sind: Pizza, Quiche Lorraine, Leberknödel, Kohlrouladen, Rindsrouladen, Grünkohl, Rotkohl, Ratatouille, Heringssalat, Semmelknödel, Spätzle, Reibekuchen.
- Gerichte, bei denen eine Grundmasse vielseitig variierbar ist. Dazu gehören: Hackfleischgerichte, Eierkuchengerichte, Quarkspeisen, Nudel- und Reisaufläufe, weiße Bohnen.

Einfrieren

Weit mehr als 100 verschiedene Gerichte werden industriell gefertigt. Die experimentierfreudige Hausfrau kann sich durch das Studium des Angebots gute Ideen für das Selbstgefrieren holen. Fertiggerichte, die man gefrieren will, sollen so schnell wie möglich abgekühlt und sofort in den Kühlschrank gestellt werden. Dann verpacken und einfrieren.

Pasteten oder Tellergerichte werden am besten ziemlich flach in kleinen Backformen oder auf feuerfeste Glasteller verpackt, damit man sie später gleich darin backen oder im Mikrowellengerät aufwärmen kann. Aufläufe werden gleich in der Form gefroren. Der Inhalt kann nach 2 Tagen nach kurzem Antauen in Folie verpackt werden. Für die übrigen Fertiggerichte sind trotz der schlechten Raumausnutzung runde Behälter eckigen vorzuziehen, damit die Gerichte später schneller im Topf aufgetaut werden können.

Das Abpacken in kleinere Portionen von ½ bis 1 l ist besser, weil die Speisen schnell gefrieren, schnell auftauen und gleich verbraucht werden. Grundsätzlich 10% Ausdehnungsraum berücksichtigen. Je kürzer die Gerichte gefroren gelagert werden, um so besser ist ihre Qualität.

Sollen größere Mengen von Fertiggerichten gefroren werden, so muß das Gefriergerät, soweit nicht elektronisch geregelt, 5 Stunden zuvor auf »Super-/Schnellgefrieren« geschaltet werden, damit eine ausreichende Kältereserve vorhanden ist. 6 bis 8 Stunden nach der letzten Einlagerung das Gefriergerät wieder auf »Normal« schalten.

Haltbarkeit

Bei industriell hergestellten Fertiggerichten gilt das aufgestempelte Haltbarkeitsdatum. Selbsteingefrorene, ziemlich fette Speisen müssen binnen 4 Wochen verbraucht werden. Länger als 3 Monate sollte man Fertiggerichte in keinem Fall aufheben.

Auftauen und Zubereiten

Das Auftauen und Erwärmen von gefrorenen Fertiggerichten richtet sich ganz nach der Zubereitung vor dem Gefrieren und der Menge, die aufgetaut werden soll. Bei industriell hergestellter Tiefkühlkost wird man selbstverständlich die den Packungen aufgedruckten Anweisungen genau beachten. Fertiggerichte sollten

nicht zu lange Zeit vor dem Verbrauch aus dem Gefriergerät genommen werden, damit Bakterien keine Angriffspunkte haben. Verschiedene industriell hergestellte Tiefkühlprodukte sind noch nicht fertig zubereitet und müssen deshalb entsprechend behandelt werden.
Durch kurzes vorheriges Antauen, eventuell mit Hilfe von heißem Wasser, lassen sich die gefrorenen Gerichte besser aus der Verpackung lösen.
Süßspeisen (Cremes, Fruchtsalate, Quarkspeisen), Gemüsesalate und gemischte Salate aus Nudeln, Reis, Geflügel und Fleisch läßt man bei Zimmertemperatur oder im Kühlschrank auftauen.
Suppeneinlagen kann man gefroren direkt in die kochendheiße Suppe geben und darin garen lassen.
Ravioli, Spätzle oder Klöße, mit oder ohne Füllung, werden am schnellsten gar, wenn man sie gefroren in kochendes Salzwasser gibt und garziehen läßt. Ravioli und Spätzle können aber auch sehr gut mit etwas Wasserzugabe im Mikrowellengerät aufgetaut und erhitzt werden.
Gerichte im Kochbeutel gibt man für 15 bis 30 Minuten in siedendes Wasser. Im Mikrowellengerät müssen Kochbeutel einige Male angestochen werden, und nach der halben Garzeit muß der Inhalt entweder durchgeschüttelt oder in ein Gefäß entleert werden.
Braten, der für kalten Aufschnitt bestimmt ist, kann verpackt im Kühlschrank angetaut und in diesem Zustand vorzüglich mit der Maschine geschnitten werden. Große Bratenstücke erhitzt man entweder zugedeckt im Mikrowellengerät oder, in Alufolie gepackt, im Backofen. Sie dürfen nicht austrocknen. Die Sauce wird extra erwärmt und abgeschmeckt.
Für *Fleischgerichte mit Sauce* wie Braten, Gulasch, Ragout oder Frikassee, Hackklößchen, Kohlrouladen, gefüllte Paprikaschoten in Sauce, gebundene Suppen, Saucen, Eintopf- und Gemüsegerichte, Kartoffelbrei ist das Auftauen und Erwärmen im Mikrowellengerät unter Zugabe von etwas Wasser oder Brühe die beste Methode. Standzeiten einplanen und zwischenzeitlich einmal umrühren.

Das Erwärmen auf dem Herd im Topf geschieht bei geringer bis mittlerer Hitze.

Panierte Gerichte, z.B. Fischspezialitäten, Hackfleischfrikadellen, Fleisch- und Käsespezialitäten wie die »Plätzli«, werden gegrillt oder in heißem Fett gebraten. Fertig zubereitete Frikadellen, gebratene Schnitzel, Steaks oder Koteletts läßt man antauen und brät oder grillt sie nochmals für kurze Zeit. Panierte, aber noch rohe Schnitzel und Koteletts werden angetaut in heißem Fett gebraten. Bereits vorgebackene Kroketten, Reibekuchen und Pommes frites geben wir in kleinen Portionen gefroren in die Pfanne oder in die Friteuse.

Gefrorene Babykost, wie Obst- oder Gemüsepürees, taut man ebenfalls entweder im Mikrowellengerät oder im Wasserbad auf. Daß man sie besonders sorgfältig umrührt und die Temperatur überprüft, ist selbstverständlich. Reste vernichten.

Blätterteig- und Hefegebäck (Strudel, Pasteten, Pizzas usw.) werden wie üblich auf dem Backblech oder in der Alufolie im vorgeheizten Backofen gebacken.

Gratinierte Gerichte und salzige Aufläufe werden mit Paniermehl, geriebenem Käse und Butterflöckchen, süße Aufläufe mit einer Eischneehaube versehen und dann in der Auflaufform im Backofen überbacken.

Zum Schluß werden die Fertiggerichte eventuell mit Mehl gebunden, mit Eigelb, Sahne oder Wein verfeinert und gewürzt.

Wenn Sie oft Fertiggerichte konsumieren, müssen diese unbedingt durch frisch zubereitete Gemüse, Salate, Kartoffeln, Nudeln oder Reis, einen Zitronenschnitz, eine Tomatenscheibe oder frische, feingehackte Kräuter aufgewertet werden.

Alle Gerichte, besonders aber Babynahrung, sofort verbrauchen und aufgetaute Fertiggerichte nicht wieder gefrieren.

Einfriertabellen von A–Z

Gefriergut	Gefrier-eignung	Haltbarkeit in Monaten	Vorbereitung
Artischocken	gut	8	Gut säubern, Stiele kürzen, mit Zitronensaft je 2—3 Stück 5—7 Min. blanchieren.
Auberginen	gut	8	Schälen, würfeln oder in Scheiben schneiden, salzen, nach 10 Min. abspülen. Knapp garen.
Aufläufe	gut	1—2	Wie gewohnt zubereiten. Kein Eischnee. Zutaten für Krustenbildung erst nach dem Auftauen auf den Auflauf geben.
Avocado	gut	1—2	Schälen, mit dem Saft von 1/2 Zitrone pro Frucht pürieren.
Babykost, Säuglings-nahrung	sehr gut	1	Wie gewohnt, aber nur aus frischen Zutaten zubereiten. In mahlzeitengroßen Portionen abfüllen.

Verpackung	Auftauen und Zubereitung	Mikrowelle	Bemerkungen
Große in Beuteln, kleine in Gefrierdosen.	Gefroren in Salzwasser je nach Größe 8—15 Min. kochen.	Tauen und garen: bei 100 % 2×7 Min. + 8 Min. Standzeit. 3 EL Wasser zufügen.	Schmecken warm oder kalt.
Gefrierdosen, Beutel.	Gefroren wie gewohnt braten, fritieren, dünsten oder zu Ratatouille.	Tauen und garen: bei 100 % 2×4 Min. + 5 Min. Standzeit. 3 EL Wasser zufügen.	Ideal für südländische Ofengerichte.
In der Form mit Deckel oder extrastarker Alufolie abdecken. Oder nach dem Gefrieren in Folie verpacken.	Am Vorabend entnehmen, in der ursprünglichen Form im Kühlschrank tauen lassen. Wie gewohnt im Backofen bei 180—200 °C backen.	Tauen und erhitzen: bei 100 % 2×5 Min. + 5 Min. Standzeit. Zusätzlich kurz übergrillen.	Ideale Vorratsgerichte. Besonders gut: Lasagne. (Siehe auch Kapitel Fertiggerichte.)
Gefrierdosen.	Im Kühlschrank oder in der Küche in 2—4 Stunden tauen lassen.	Nicht empfehlenswert.	Bei Sonderangeboten. Als Brotaufstrich servieren.
Kleine Gefrierdosen, Schälchen mit extra-starker Folienabdeckung.	In kleinem Topf bei milder Temperatur unter Rühren auf Eßtemperatur erhitzen. Temperatur prüfen!	Tauen und erhitzen: bei 100 % 2×1½ Min. + 2 Min. Standzeit. Rühren und Temperatur prüfen!	Siehe auch *Gemüsepüree.* Reste keinesfalls wieder verwerten.

Gefriergut	Gefrier-eignung	Haltbarkeit in Monaten	Vorbereitung
Baiser	nicht gefriergeeignet		
Beerenobst		8—12	Nur waschen, wenn unbedingt notwendig. Ausnahme: Heidelbeeren besonders gut waschen. Sehr gut trocknen. Erdbeeren evtl. anstechen, damit sie die Form besser behalten. Heidelbeeren und unreife Stachelbeeren 1—2 Min. blanchieren, kühlen. Für Kleinhaushalte, Einzelentnahme und Mischungen zunächst plattengefrieren, dann verpacken.
Brombeeren	sehr gut		
Erdbeeren	mäßig		
Heidelbeeren	sehr gut		
Himbeeren	sehr gut		
Johannisbeeren	sehr gut		
Stachelbeeren	sehr gut		
Mischungen	sehr gut		
Biskuitgebäck, Tortenböden	gut	6—10	Nicht zu dunkel backen, auf Kartonunterlage verpacken.
Biskuitteig	nicht gefriergeeignet		
Blätterteig, roh	gut	Hersteller-angaben	Industrieware.

Verpackung	Auftauen und Zubereitung	Mikrowelle	Bemerkungen
Gefrierdosen, Beutel in Gefrierdosen; evtl. Gefrierdosen nach dem Gefrieren wieder entfernen. Beutel.	Gefroren für Torten-, Kuchenbelag, Bowlen, Mixgetränke, Kaltschalen, Süßspeisen, Eiscreme, Garnierung, Gelee und Marmelade verwenden. Für Rohgenuß in ca. 5 Stunden im Kühlschrank oder in 2—3 Stunden in der Küche tauen.	Tauen: bei 30% 2×7 Min. + 5 Min. Standzeit. Tauen und garen: bei 100% 2×3—4 Min. Zwischendurch mit Gabel Gefriergut voneinander lösen.	Beeren mit Zucker sind aromatischer, Beeren ohne Zucker sind vielseitiger verwendbar. Erdbeeren werden leicht matschig, gut als Püree.
Beutel, Folie, extra-starke Alufolie, Behälter. Evtl. vorgefrieren, dann einpacken.	Tauen bei Raumtemperatur, dann 5—10 Min. im Backofen aufbacken. Angetaute Tortenböden gleich mit frischem oder gefrorenem Obst belegen, mit Tortenguß überziehen.	Tauen: bei 30% 2×1½ Min. + 10 Min. Standzeit. Nicht abdekken. Papier unterlegen.	Gefrorener Biskuitkuchen bricht leicht. Im angetauten Zustand schneiden. Vor dem Gefrieren portionieren.
Herstellerverpackung.	Bei Raumtemperatur oder im Kühlschrank tauen, kühl verarbeiten.	Nicht empfehlenswert.	Nach Herstellerangaben verarbeiten.

Gefriergut	Gefrier-eignung	Haltbarkeit in Monaten	Vorbereitung
Blätterteiggebäck	sehr gut	4—6	Kein Zucker- oder Schokoladenguß.
Blattsalate	nicht gefriergeeignet		
Bleichsellerie	sehr gut	8	Putzen, waschen, zerkleinern. Mit 1—2 g Ascorbinsäure auf 5 l Wasser 6 Min. blanchieren. Plattengefrieren.
Blumenkohl, Broccoli	sehr gut	8	Putzen, waschen, in Röschen zerteilen. Mit 1—2 g Ascorbinsäure auf 5 l Wasser 3 Min. blanchieren. Evtl. plattengefrieren.
Bohnen	sehr gut	12	Putzen, waschen, zerkleinern. In 5 l Wasser 3 Min. blanchieren. Evtl. plattengefrieren.

Verpackung	Auftauen und Zubereitung	Mikrowelle	Bemerkungen
Beutel, Folie, extra-starke Alufolie, Gefrierdosen.	Tauen bei Raumtemperatur, dann 5—10 Min. im Backofen aufbakken. Nach Wunsch mit Guß oder Puderzucker fertigstellen.	Tauen: bei 30 % 2×1½ Min. + 10 Min. Standzeit. Nicht abdekken. Papier unterlegen.	Schmeckt aufgebacken wie frisch, gleich verzehren.
Gefrierdosen, Beutel.	Gefroren für Aufläufe und Suppen, bei Raumtemperatur angetaut für Salate verwenden. Oder im Topf in wenig Brühe auftauen und fertig garen.	Tauen und garen: bei 100 % 2×4—5 Min. + 5 Min. Standzeit. 3 EL Wasser zufügen.	Zum Rohgenuß ungeeignet. Sehr gut für Aufläufe.
Gefrierdosen, Beutel.	Gefroren für Aufläufe und Suppen, bei Raumtemperatur angetaut für Salate verwenden. Oder im Topf in wenig Brühe tauen und fertig garen.	Tauen und garen: bei 100 % 2×4 Min. + 5 Min. Standzeit. 3 EL Wasser zufügen.	Gut für Salat oder warm als Gemüse, auch für Aufläufe oder Suppen.
Gefrierdosen, Beutel.	Gefroren für Suppen und Eintöpfe verwenden. Sonst auf dem Herd im Topf wie gewohnt kurz garen, erkaltet auch zu Salat verarbeiten.	Tauen und garen: bei 100 % 2×4 Min. + 5 Min. Standzeit. 3 EL Wasser zufügen.	Wie gewohnt zu Salat, Gemüse, Eintopf oder Suppe verarbeiten.

Gefriergut	Gefrier-eignung	Haltbarkeit in Monaten	Vorbereitung
Brandteig	nicht gefriergeeignet		
Brandteiggebäck, ungefüllt	sehr gut	6—10	Erst nach dem Auftauen füllen und mit Guß überziehen oder mit Puderzucker bestäuben.
Braten, roh			Fleisch erst nach dem Reifen portionieren. Knochen möglichst auslösen. Stücke maximal 2,5 kg schwer, besser nur 1 kg. Möglichst flache Stücke schneiden. Fett entfernen.
Hammelbraten	gut	8—12	
Kalbsbraten	gut	8	
Rinderbraten	sehr gut	12	
Sauerbraten	sehr gut	12	
Schweinebraten	gut	3—6	
Braten, gegart		1—3	Braten knapp garen. Fleisch schwach würzen, Sauce nicht binden, portionieren.
Hackbraten	sehr gut		
Roastbeef	sehr gut		

Verpackung	Auftauen und Zubereitung	Mikrowelle	Bemerkungen
Beutel, Folie, extra-starke Alufolie, Gefrierdosen.	Tauen bei Raumtemperatur, dann 5—10 Min. im Backofen aufbakken. Nach Wunsch füllen und mit Guß oder Puderzucker fertigstellen.	Tauen: bei 30% 2×1½ Min. + 10 Min. Standzeit. Nicht abdekken. Papier unterlegen.	Schmeckt aufgebacken wie frisch, gleich verzehren. Pikante Gougeres lauwarm servieren.
Folie, extra-starke Alufolie. Gefrierdosen.	Ohne Verpackung zugedeckt im Kühlschrank, Fleischsaft über Teller ablaufen lassen. Je cm Höhe 3 Stunden. Beschleunigtes Tauen in der Verpackung unter Fließwasser oder bei 50°C im Ofen. Sauerbraten in Beize tauen lassen.	Tauen: bei 30% 2×4—6 Min. + 10 Min. Standzeit. Zugedeckt auf umgedrehtem Teller. Fleischsaft vernichten.	Im städtischen Haushalt besser Braten fertig zubereiten, dann portionsweise geschnitten einfrieren.
Extra-starke Alufolie, Gefrierdosen, Kochbeutel.	Ohne Verpackung im Kühlschrank, bei mäßiger Hitze im Topf auf dem Herd oder bei 100°C im Ofen. Im Kochbeutel im Topf mit kochendem Wasser.	Tauen und erhitzen: bei 50% 2×3 Min. und bei 100% 4 Min. + 4 Min. Standzeit. Kochbeutel anstechen und nach 2 Min. entfernen.	Nur in familiengerechten Portionen gefrieren, bald verbrauchen. Bei Kochbeuteln keine Geruchsbelästigung. Roastbeef angetaut schneiden.

Gefriergut	Gefrier-eignung	Haltbarkeit in Monaten	Vorbereitung
Bratfisch	gut	2—3	Fische wie gewohnt zubereiten, Fett auf Küchenkrepp gut abtropfen lassen.
Brot	sehr gut	6—10	Portionieren (möglichst Tagesportionen), evtl. zuvor in Scheiben schneiden.
Brötchen	sehr gut	6—10	Hell gebackene Ware am Nachmittag kaufen.
Brote, belegte	gut	1—2	Mit Butter bestreichen und belegen. Dabei gekochte Eier, Mayonnaise und Marmelade vermeiden.
Brühe	sehr gut	6	Einkochen lassen, schwach salzen.
Butter Buttermischung	sehr gut gut	6—10	Buttermischungen wie gewohnt zubereiten, kühlen, zu langen Rollen formen.

Verpackung	Auftauen und Zubereitung	Mikrowelle	Bemerkungen
Folie, extra-starke Alufolie, mit Sud in Gefrierdosen.	Im Kühlschrank oder in der Küche.	Tauen: bei 30% 2×3–4 Min. + 4 Min. Standzeit.	Nur lohnend bei Sonderangeboten.
Beutel, Folie, extra-starke Alufolie.	Tauen bei Raumtemperatur oder im Toaster, bei größeren Mengen im Backofen kurz aufbacken.	Tauen: bei 30% 2×2 Min. + 10 Min. Standzeit. Papier unterlegen. Nicht abdecken.	Möglichst frisch einfrieren, nach dem Auftauen gleich verzehren.
Beutel.	Im Backofen kurz aufbacken oder auf dem Toaster erwärmen.	Tauen: bei 30% 2×1 Min. und bei 100% 1×1 Min. Nicht abdecken. Papier unterlegen.	Anfeuchten vor dem Aufbacken verhindert Abplatzen der Kruste.
Folie, extra-starke Alufolie	Bei Raumtemperatur in 1–3 Stunden.	Nicht empfehlenswert.	Ideal für Schulbrote, Reise oder Picknick.
Gefrierdosen, Beutel in Gefrierdosen.	Im Kühlschrank oder im Topf auf dem Herd.	Tauen und erhitzen: bei 100% 2×3 Min. + 3 Min. Standzeit.	Arbeitssparend, günstiger als Gefrieren von Knochen.
Für kurzfristige Lagerung genügt die Herstellerverpackung. Buttermischungen in extra-starke Alufolie wickeln.	Bei Raumtemperatur in ca. 2 Stunden tauen. Evtl. unter kaltem Fließwasser beschleunigen. Buttermischungen sind nach 30 Min. schneidfähig.	Im allgemeinen nicht ratsam. Nur in Ausnahmefällen bei 10% 2×¾ Min. + 30 Min. Standzeit.	Ideal für Notfälle. Buttermischungen tauen auf den Speisen vollends auf. Butterschmalz und Margarine halten sich auch ohne Gefrieren.

Gefriergut	Gefrier-eignung	Haltbarkeit in Monaten	Vorbereitung
Buttercremetorte, Sahnecremetorte, Sahnetorte, Käsesahnetorte	sehr gut	4—6	Keine Stärke an die Füllung geben. Obstzugabe vermeiden. Gut mit Kakao, Mokka, Nüssen oder Vanille. Anfrieren, evtl. portionieren, Stücke durch Folie trennen.
Chicorée	mäßig	12	Putzen, waschen, evtl. zerkleinern. In 5 l Wasser mit 2 g Ascorbinsäure 2 Min. blanchieren. Evtl. plattengefrieren.
Chinakohl	gut	12	Putzen, waschen, schneiden. Mit 1—2 g Ascorbinsäure auf 5 l Wasser 2—3 Min. blanchieren. Evtl. plattengefrieren.
Dicke Bohnen	sehr gut	12	Enthülsen, waschen. 4—5 Min. blanchieren. Evtl. plattengefrieren.
Eier, gekocht	nicht gefriergeeignet		

Verpackung	Auftauen und Zubereitung	Mikrowelle	Bemerkungen
Tortenbehälter oder Pappboden mit Folie oder extra-starke Alufolie.	Im Kühlschrank oder bei Raumtemperatur langsam tauen. Leicht gefroren schneiden.	Nicht empfehlenswert.	Nach dem Auftauen gleich verzehren, darum möglichst vor dem Gefrieren portionieren.
Gefrierdosen, Beutel.	Gefroren für Auflauf oder für Pfannengemüse wie gewohnt verarbeiten. Keine Flüssigkeit beifügen.	Tauen und garen: bei 100 % 2×3 Min. + 5 Min. Standzeit. 2 EL Wasser zufügen.	Für Salat ungeeignet.
Gefrierdosen, Beutel.	Bei Raumtemperatur angetaut für Salat verarbeiten. Sonst gefroren wie gewohnt verarbeiten.	Tauen und garen: bei 100 % 2×3–4 Min. + 5 Min. Standzeit. 3 EL Wasser zufügen.	Wie gewohnt zu Salat oder warm als Gemüse verarbeiten. Ideal für asiatische Gemüsemischungen.
Gefrierdosen, Beutel.	Gefroren für Suppen und Eintöpfe. Kurz angetaut für Gemüse mit wenig Wasser oder Brühe im Topf auf dem Herd erhitzen und fertig garen.	Tauen und garen: bei 100 % 2×5 Min. + 4 Min. Standzeit. 3–4 EL Wasser zufügen.	Wie gewohnt warm als Gemüse oder zu Eintopf verarbeiten.

Gefriergut	Gefrier-eignung	Haltbarkeit in Monaten	Vorbereitung
Eier, roh Eigelb Eiweiß	sehr gut sehr gut sehr gut	10—12	Rohe Eier aufschlagen, mit je 1 Msp Salz oder Zucker gut verschlagen.
Eiergerichte	nicht ge-friergeeignet		
Eintöpfe	gut — sehr gut	1—3	Wie gewohnt zubereiten, aber knapp garen und wenig würzen. Kartoffeln, Nudeln oder Reis besser nach dem Gefrieren beifügen. Wenig Fett!
Eis am Stiel, Lollies, Wassereis	sehr gut	12 oder Hersteller-angaben	Frischen Obstsaft mit 30 % Zuckerzusatz in Spezialbehälter geben.
Eiscreme	sehr gut	Hersteller-angaben	Industrieware.

Verpackung	Auftauen und Zubereitung	Mikrowelle	Bemerkungen
Kleine Gefrierdosen, Joghurtbecher mit extrastarker Alufolie.	1—2 Stunden bei Raumtemperatur tauen lassen.	Nicht empfehlenswert.	Mengen genau notieren! Wie gewohnt zu Rührei oder Gebäck verwenden. Rohe Eier mit Schale platzen!
Gefrierdosen, Beutel in Gefrierdosen, Gefrierdosen evtl. nach dem Gefrieren wieder entfernen. Für kurze Zeit auch Töpfe.	Bei Raumtemperatur antauen, mit wenig Wasser oder Brühe bei mäßiger Hitze langsam erwärmen, zwischendurch mit der Gabel auflockern. Erhitzen. Gare Kartoffeln, Nudeln oder Reis und frische Kräuter beifügen.	Tauen und erhitzen: bei 100 % 2×6—8 Min. + 7 Min. Standzeit. Zwischendurch mit Gabel Gefriergut voneinander lösen und umrühren.	Kartoffeln werden leicht breiig, Nudeln oder Reis werden zu weich. Möglichst bald verbrauchen. Arbeitsersparnis!
Spezialbehälter mit Sticks oder Industrieware.	Bei Raumtemperatur 2—5 Min. antauen lassen.	Nicht empfehlenswert.	Aus frischen Fruchtsäften erfrischend und gesund.
Herstellerverpackung.	5 Min. vor dem Servieren bei Raumtemperatur antauen.	Antauen: bei 10 % ½—1 Min.	Eiscreme selbst zubereitet: viel Arbeitsaufwand. Industrielle Eiscreme ist ideal, auch für Notfälle.

Gefriergut	Gefrier-eignung	Haltbarkeit in Monaten	Vorbereitung
Erbsen	sehr gut	12	Auspalen, waschen. In 5 l Wasser 2 Min. blanchieren. Evtl. plattengefrieren.
Feigen	gut	12	Vollreife Früchte mit Küchenkrepp abreiben, halbieren. Erst plattengefrieren.
Fenchel	sehr gut	8	Putzen, waschen, in Viertel oder Scheiben schneiden. Mit 1—2 g Ascorbinsäure auf 5 l Wasser 4 Min. blanchieren. Evtl. plattengefrieren.
Fettgebäck (z. B. Krapfen)	gut	1—2	Hell backen, nicht zuckern.
Filet/Steaks			Ganz oder portioniert. Evtl. doppelte Folie zwischen einzelne Stücke legen oder plattengefrieren.
Kalb	gut	8	
Rind	gut	12	
Schwein	gut	6	

Verpackung	Auftauen und Zubereitung	Mikrowelle	Bemerkungen
Gefrierdosen, Beutel.	Gefroren sehr kurz im Topf auf dem Herd garen. Nur geringe Wasserzugabe.	Tauen und garen: bei 100 % 2×2 Min. + 5 Min. Standzeit. 3 EL Wasser zufügen.	Wie gewohnt zu Salat oder Gemüse verwerten. Nur knapp garen! Siehe auch *Hülsenfrüchte.*
Gefrierdosen, Beutel.	Für Obstsalat nur antauen lassen.	Tauen: bei 30 % 2×3 Min. + 5 Min. Standzeit.	Nur bei günstiger Bezugsmöglichkeit empfehlenswert. Gut für Obstsalate.
Gefrierdosen, Beutel.	Für Salat angetaut in die Marinade geben. Für Auflauf oder Eintopf gefroren verarbeiten. Als Gemüse wie gewohnt im Topf auf dem Herd garen.	Tauen und garen: bei 100 % 2×4 Min. + 5 Min. Standzeit. 2 EL Wasser zufügen.	Wie gewohnt zu Salat, Gemüse oder mit Käsesauce als Auflauf verarbeiten.
Beutel, Gefrierdosen.	15 Min. im Backofen, dann zukkern.	Tauen: bei 30 % 1—1½ Min. und bei 100 % 1 Min. Nicht abdecken. Papier unterlegen.	Erst nach dem Auftauen mit Puderzucker übergießen oder in Zucker wenden.
Folie, extra-starke Alufolie, Beutel, Gefrierdosen.	Unverpackt im Kühlschrank, in eiligen Fällen in der Verpackung unter Fließwasser. Rindersteaks 2 Stunden bei Küchentemperatur stehen lassen.	Nur in Ausnahmefällen! Tauen: bei bei 30 % 2×1—1½ Min. Wenden und drehen!	Kalbs- und Schweinesteaks können leicht gefroren zubereitet werden. Rindersteaks stets Raumtemperatur annehmen lassen.

Gefriergut	Gefrier-eignung	Haltbarkeit in Monaten	Vorbereitung
Fisch, fett	gut	1—2	Ausbluten lassen, gut säubern, Galle sorgfältig entfernen. Große Fische filetieren oder in Scheiben schneiden oder glacieren, dann verpacken.
Fisch, mager	gut	3—6	siehe Fisch, fett
Fleisch in Sauce		1—3	Wie üblich zubereiten, schwach würzen, möglichst die Sauce nicht binden. Familiengerecht portionieren.
Geschnetzeltes	sehr gut		
Ragout	sehr gut		
Rouladen	sehr gut		
Fleischkäse, Leberkäse	gut	1—2	Frisch zubereitet in Portionsstücke verpacken.
Fleischpastete, Wildpastete	sehr gut	3—6	Portionieren und einzelne Scheiben durch Folie trennen.
Fruchtmark, Obstmus	sehr gut	12	Apfel-, Quitten- und Zwetschgenmus wie gewohnt kochen. Aprikosen, Erdbeeren und Himbeeren mit Zitronensaft und evtl. mit 10% Zucker pürieren.

Verpackung	Auftauen und Zubereitung	Mikrowelle	Bemerkungen
Folie, extra-starke Alufolie, Beutel.	Große Fische im Kühlschrank zugedeckt tauen. Kleine gefroren pochieren oder dünsten. Sonst auftauen lassen und wie gewohnt verarbeiten.	Große Fische tauen bei 30 %, dann würzen und garen bei 100 % 2×2 Min. + 5 Min. Standzeit.	An- oder aufgetaut unmittelbar wie üblich verarbeiten. Nematoden werden garantiert getötet.
Gefrierdosen, Kochbeutel, Beutel, Beutel in Gefrierdosen.	Im Topf im Kühlschrank antauen, bei mäßiger Hitze auf dem Herd tauen. Kochbeutel wie üblich.	Tauen und erhitzen: bei 30 % 2×2 Min. und bei 100 % 3 Min. Kochbeutel anstechen und nach 2 Min. entfernen.	Wesentliche Arbeitsersparnis. Nur knapp garen und sogleich konsumieren.
Folie, Beutel, extrastarke Alufolie.	Im Kühlschrank antauen, dann braten oder grillen.	Nicht empfehlenswert.	Gut für die schnelle Mahlzeit.
Folie, extra-starke Alufolie.	Bei Raumtemperatur oder im Kühlschrank in der Verpackung tauen.	Nicht empfehlenswert. Gelatine schmilzt.	Ideal für Gäste. Cumberlandsauce dazu reichen.
Gefrierdosen, Beutel. Für Einzelportionen und Kleinhaushalte evtl. in Eiswürfelbehältern vorgefrieren. Auch in Joghurtbecher mit extra-starker Alufolie.	Im Kühlschrank oder in der Küche auftauen lassen. Für Rote Grütze bei schwacher Hitze langsam auf der Kochplatte erhitzen.	Tauen: bei 30 % 2×2 Min. Zwischendurch umrühren. Tauen und erhitzen: bei 100 % 2×2—3 Min., rühren und evtl. binden.	Wesentliche Arbeitsersparnis. Für Babynahrung, Alterskost und Kleinhaushalte in Kleinstportionen sehr günstig. Gut mit Quark und Joghurt kombinierbar. Für Diabetiker ohne Zuckerzusatz.

Gefriergut	Gefrier-eignung	Haltbarkeit in Monaten	Vorbereitung
Früchte, tropische		4—6	Frische Früchte schälen, in Scheiben schneiden oder würfeln, mit 5% Zucker Saft ziehen lassen. Bananen mit Zucker und Zitronensaft mit der Gabel zerdrücken. Kakis unzerteilt einlagern. Früchte ohne Zucker zunächst plattengefrieren. Reste von Dosenware mit Saft bedecken.
Ananas	gut		
Bananen	mäßig		
Cherimoyas	mäßig		
Datteln	sehr gut		
Kakis	mäßig		
Kiwis	sehr gut		
Mangos	gut		
Mispeln	mäßig		
Papayas	mäßig		
Frühlingsrollen	sehr gut	Hersteller-angaben	Industrieware kaufen.
Garnelen, Krabben und Scampi	sehr gut	2—3	Ungeschält oder geschält roh oder mit Ascorbinsäurezusatz knapp gegart oder auch glacieren.
Geflügel		10—12	Ausbluten lassen. Gut auskühlen lassen. Gänse und Puten 2 Tage. Sorgfältig rupfen, ausnehmen. Ohne Innereien verpacken. Für langfristige Lagerung Geflügel evtl. glacieren. Für Kleinhaushalte Portionsstücke schneiden und evtl. zunächst plattengefrieren.
Ente/Gans	gut		
Hähnchen	gut		
Huhn/Hühnchen	gut		
Perlhuhn/Zwerghuhn	sehr gut		
Poularde/Pute	sehr gut		
Suppenhuhn	gut		
Täubchen	sehr gut		
Truthahn	sehr gut		
Wachtel	sehr gut		

Verpackung	Auftauen und Zubereitung	Mikrowelle	Bemerkungen
Gefrierdosen, Beutel in Gefrierdosen; Kakis einzeln in extra-starker Alufolie oder Beuteln. Konserven stets in Gefrierdosen umfüllen.	Zugedeckt bei Raumtemperatur auftauen. Für Kuchen, Torten und Bowlen gefroren verwenden.	Tauen: bei 30% 2×4 Min. + 5 Min. Standzeit. Tauen und garen: bei 100% 2×3–4 Min. Zwischendurch mit Gabel Gefriergut voneinander lösen.	Während des Auftauens Stücke gut trennen. Selten lohnend. Apart für festliche Obstsalate, Bananen für Obstsalate besonders gut.
Industrieverpackung.	In Fett in der Pfanne ohne Friteuse tauen und bräunen.	Nicht empfehlenswert.	Praktischer Schnellimbiß.
Gefrierdosen, Beutel in Gefrierdosen, Beutel.	Zugedeckt im Kühlschrank tauen lassen, gleich wie gewohnt verarbeiten. Nur sehr kurz erhitzen.	Tauen: bei 30% 2×3–4 Min. + 4 Min. Standzeit. Tauen und erhitzen: bei 100% 2×2 Min. + 4 Min. Standzeit.	Vorsicht: nach zu langem Erhitzen werden Scampi hart. Unmittelbar nach dem Auftauen verzehren!
Folie, extra-starke Alufolie, Beutel.	Zugedeckt ohne Verpackung über Nacht im Kühlschrank auf umgekehrtem Teller tauen lassen, Fleischsaft fortgießen. Suppenhühner gefroren in die Brühe geben. Portionsstücke angetaut verarbeiten. Großes Geflügel evtl. bei 50°C im Backofen tauen.	Tauen: bei 30% 2×4–8 Min. Zugedeckt auf umgedrehtem Teller. Fleischsaft vernichten. Dünne Teile durch Alufolie schützen. Portionsstücke evtl. bei 100% 2×3–4 Min. garen. Während des Tauens mehrere Male wenden, dünne Teile abdecken.	Verpackung unbedingt vor dem Tauen entfernen. Innereien besser vor dem Gefrieren verbrauchen. Fertiggerichte aus Gefrierware nur für kurze Zeit nochmals gefrieren.

Gefriergut	Gefrier-eignung	Haltbarkeit in Monaten	Vorbereitung
Geflügelgerichte	sehr gut	1—2	Wie gewohnt zubereiten, schwach würzen, Sauce nicht mit Mehl binden.
Gelatinespeisen (ohne Sahne-zusatz)	nicht ge-friergeeignet		
Gemüsefertig-gerichte	sehr gut	1—2	Wie gewohnt zubereiten, sehr knapp garen, schwach würzen, nicht binden.
Gemüsemischung		6	Putzen, waschen, zer-kleinern. Sortenweise nach Vorschrift blanchie-ren, evtl. mit Ascorbin-säure. Evtl. plattengefrie-ren. Suppengrün nicht blanchieren.
Salatmischung	sehr gut		
Suppengemüse	sehr gut		
Suppengrün	sehr gut		

Verpackung	Auftauen und Zubereitung	Mikrowelle	Bemerkungen
Gefrierdosen, Beutel in Gefrierdosen, Einzelportionen in Kochbeuteln.	Im Kühlschrank oder in der Küche tauen, evtl. bei mäßiger Hitze im Topf auf dem Herd. Kochbeutelware im Topf in kochendem Wasser erwärmen. Nach Belieben binden und würzen.	Tauen: bei 30 % 2×1½–2 Min. und bei 100 % 3 Min. + 4 Min. Standzeit. Kochbeutel nach 2 Min. entleeren, sonst platzen sie.	Aus Gefrierware zubereitete Gerichte nicht für längere Zeit nochmals gefrieren. Schwach würzen. Nach dem Aufwärmen binden.
Gefrierdosen, Beutel in Gefrierdosen, Kochbeutel, Beutel.	Bei Raumtemperatur antauen, mit wenig Wasser bei schwacher Hitze im Topf langsam erwärmen oder im Kochbeutel in reichlich Wasser.	Tauen und garen: bei 100 % 2×4 Min. + 5 Min. Standzeit, mit 2–3 EL Wasser. Zwischendurch mit Gabel Gefriergut lockern und rühren.	Siehe auch Rahmgemüse. Gut für Singles und Kleinhaushalte.
Gefrierdosen, Beutel in Gefrierdosen, Beutel.	Gefroren für Suppen und Eintöpfe, kurz angetaut für Gemüse mit wenig Wasser oder Brühe im Topf auf dem Herd erhitzen und fertig garen. Für Salat unter Umständen zunächst fertig garen, sonst direkt in der Marinade tauen.	Tauen und garen: bei 100 % 2×3–6 Min. + 5 Min. Standzeit. 3 EL Wasser zufügen.	Mischungen vor oder nach dem Gefrieren zusammenstellen. Wie gewohnt zu Salat, warmen Gemüsen oder Auflauf verarbeiten. Ideal für pfannengerührte chinesische Gerichte.

Gefriergut	Gefrier-eignung	Haltbarkeit in Monaten	Vorbereitung
Gemüsepüree/ Gemüsesäfte	sehr gut	6	Gemüse knapp garen, pürieren. Säfte roh abfüllen.
Grünkohl	sehr gut	12	Waschen, putzen, knapp garen, zerkleinern. Wenig würzen. Als Fertiggericht am besten.
Gulaschfleisch, Ragoutfleisch	sehr gut	6–8	Zunächst plattengefrieren, dann portionsweise verpacken.
Gurken, Salatgurken	gut	6	Ganze Gurken glacieren. Gurkenscheiben erst plattengefrieren, dann verpacken.

Verpackung	Auftauen und Zubereitung	Mikrowelle	Bemerkungen
Gefrierdosen, Beutel in Gefrierdosen, weithalsige Gläschen.	Bei Raumtemperatur antauen, mit wenig Wasser bei schwacher Hitze im Topf langsam erwärmen oder im Kochbeutel in reichlich Wasser.	Tauen und garen: bei 100 % 2×5 Min. + 5 Min. Standzeit, mit 2—3 EL Wasser. Zwischendurch mit Gabel Gefriergut lockern und rühren.	Ideal für Babynahrung, Krankenkost und Cremesuppen. Nur Tagesportionen abfüllen.
Gefrierdosen, Beutel in Gefrierdosen, Beutel.	Angetaut mit wenig Wasser oder Brühe bei schwacher Hitze langsam auf dem Herd tauen und wie gewohnt fertig garen.	Nicht empfehlenswert. Wird leicht trocken.	Zubereitung großer Mengen bedeutet erhebliche Arbeitsersparnis und Geschmacksverbesserung. Wie gewohnt als Gemüse oder Eintopf zubereiten.
Beutel, Gefrierdosen.	Ohne Verpackung im Kühlschrank antauen, leicht gefroren wie üblich anbraten und zubereiten.	Antauen: bei 30 % 2×3 Min.	Besser als Fertiggericht gefrieren. Für Zubereitung im Mikrowellengerät ungeeignet. Sofort verbrauchen.
Gefrierdosen, Beutel in Gefrierdosen, Beutel.	Ganze Gurken angetaut in die Marinade hobeln. Gurkenscheiben in der Marinade tauen, zwischendurch mit der Gabel auflokkern.	Nicht empfehlenswert.	In Scheiben geschnittene Gurken in der Marinade aufgetaut schmecken wie frisch. Gut auch für gemischten Salat.

Gefriergut	Gefrier-eignung	Haltbarkeit in Monaten	Vorbereitung
Hackfleisch	sehr gut	2—3	Wie üblich zubereiten, schwach würzen, nicht zu dunkel braten. Hackfleischteig nicht zu lange lagern, sondern besser als Fertiggericht einfrieren.
Hammelfleisch/ Lamm	sehr gut		Siehe auch Braten, Fleisch in Sauce, Kotelett.
Haxe		1—3	Knochenenden durch Alufolie schützen.
Kalb	gut		
Schwein	gut		
Hefe	sehr gut	12	Evtl. portionieren.
Hefegebäck, Stollen	sehr gut	4—6	Ohne Zuckerguß. Evtl. portionieren.

Verpackung	Auftauen und Zubereitung	Mikrowelle	Bemerkungen
Beutel, Gefrierdosen, Beutel in Gefrierdosen.	Im Kühlschrank antauen, in der Pfanne, unter dem Grill oder im Topf wie üblich erhitzen.	Tauen: bei 30% 2×1½ Min. + 4 Min. Standzeit. Zwischendurch Gefriergut drehen und wenden. Bei Tatar nicht empfehlenswert.	Tatar möglichst als Fleischwürfel gefrieren, angetaut zerkleinern. Maximal 1 Monat lagern. Fertige Hackfleischgerichte bedeuten wesentliche Arbeitsersparnis.
Beutel, Folie, extrastarke Alufolie.	Ausgepackt im Kühlschrank auftauen lassen, dann schmoren oder grillen.	Antauen: bei 50% 2×6 Min. Drehen und wenden.	Auch als Fertiggericht gefrieren, dann Arbeitsersparnis.
Herstellerverpackung, Folie.	In lauwarmer Milch unter Rühren auflösen.	Nicht empfehlenswert.	Praktisch für alle Fälle. Büßt Triebkraft nicht ein.
Folie, extra-starke Alufolie, Beutel.	Bei Raumtemperatur, im Toaster oder unter dem Grill tauen. Kleingebäck und Plattenkuchen auch im Backofen.	Tauen: bei 30% 2×1–1½ Min. + 2 Min. Standzeit. Nicht abdecken. Papier unterlegen.	Obstkuchen nicht im Mikrowellengerät auftauen, wird pappig. Nach dem Tauen evtl. zuckern.

Gefriergut	Gefrier-eignung	Haltbarkeit in Monaten	Vorbereitung
Hefeteig	sehr gut	6—8	Ohne zu gehen gefrieren, Hefemenge um 30 % erhöhen.
Honigkuchenteig	gut	1	Schwach würzen.
Honigkuchen-gebäck	gut	3	Kein Zucker- oder Schokoladenguß!
Hülsenfrüchte		2—3	Wie gewohnt garen, portionieren.
Erbsen	sehr gut		
Linsen	sehr gut		
Trockenbohnen	sehr gut		
Hummer, Krebse, Langusten	gut	2—3	Wie gewohnt kurz töten oder töten und garen. Im Sud mit Ascorbinsäure verpacken.
Hundefutter	sehr gut	1—2	Wie gewohnt zubereiten. Tagesportionen abpacken.

Verpackung	Auftauen und Zubereitung	Mikrowelle	Bemerkungen
Kuchenform, Aluform und Folie, extra-starke Alufolie.	Im Backofen bei 50 °C wie gewohnt gehen lassen, dann backen.	Nicht empfehlenswert.	Doppelte Teigmenge bedeutet wesentliche Arbeitsersparnis.
Beutel, Folie, extrastarke Alufolie.	Bei Raumtemperatur tauen.	Nicht empfehlenswert.	Vermeidet Hektik in der Adventszeit.
Gefrierdosen, Beutel.	Im Ofen aufbacken.	Tauen: bei 30 % 2×1 Min. Papier unterlegen.	Erst nach dem Tauen verzieren.
Gefrierdosen, Beutel in Gefrierdosen, Beutel.	Bei Raumtemperatur tauen, mit Flüssigkeitszugabe bei geringer Hitze im Topf erwärmen.	Tauen und erhitzen: bei 100 % 2×7 Min. + 6 Min. Standzeit, mit 3—4 EL Wasser. Zwischendurch mit Gabel Gefriergut voneinander lösen.	Für Suppen, Eintöpfe oder Salate eine wesentliche Arbeitsersparnis. Blähende Wirkung verringert.
Gefrierdosen, versiegelte Gefrierbeutel.	Im Kühlschrank tauen, evtl. im Sud garen, dabei knappe Zeiten einhalten.	Tauen: bei 30 % 2×4 Min. + 4 Min. Standzeit. Garen: bei 100 % 2×3 Min.	Möglichst erst auftauen, dann wie gewohnt zubereiten. Gleich konsumieren.
Gefrierdosen, Beutel in Gefrierdosen, Beutel.	Im Kühlschrank oder bei Raumtemperatur tauen.	Tauen und erwärmen: bei 50 % 2×4 Min. Zwischendurch rühren.	Nur ratsam bei viel Gefrierraum. Unbedingt sehr deutlich beschriften.

Gefriergut	Gefrier-eignung	Haltbarkeit in Monaten	Vorbereitung
Ingwer	sehr gut	12	Frischen Ingwer schälen. Nach Belieben ganz, feingerieben oder feingehackt verpacken.
Innereien		2	Leber hat keine besonders guten Gefriereigenschaften und sollte darum möglichst zu Leberknödeln oder -spätzle verarbeitet werden. Die übrigen Innereien reinigen, Fett und Röhren entfernen, portionieren. Oder zu Fertiggerichten verarbeiten.
Herz/Hirn/Kalbsbries/Kutteln	sehr gut		
Leber	mäßig		
Lebergerichte	gut		
Lunge/Niere	sehr gut		
Joghurt/Kefir	nicht gefriergeeignet		
Kaffee, Kaffeebohnen	gut	12	Ganz oder gemahlen.
Kalbfleisch	gut		(Siehe auch Braten, Filet, Haxe, Fleisch in Sauce, Gulaschfleisch, Hackfleisch, Kotelett, Schnitzel.)

Verpackung	Auftauen und Zubereitung	Mikrowelle	Bemerkungen
Ingwerstücke in extra-starker Alufolie oder Beutel, geriebene Ware in kleine Behälter oder Eiswürfelbehälter.	Gefroren zufügen oder gefroren reiben.	Nicht empfehlenswert.	Ideal zum Würzen asiatischer Speisen. Gefrorener Ingwer hält Aroma, schimmelt und schrumpelt nicht.
Gefrierdosen, Beutel in Gefrierdosen, extrastarke Alufolie, Beutel.	Lebergerichte in Brühe oder auf Kraut im Topf tauen und erhitzen. Übrige Innereien antauen, schneiden und wie gewohnt zubereiten.	Tauen: bei 30 % 2×1 Min. drehen und wenden, angetaut schneiden und wie gewohnt weiter verarbeiten. Tauen und erhitzen: bei 50 % 2×2 Min. + 4 Min. Standzeit, zwischendurch umrühren.	Leber als Fertiggericht oder zerkleinert in Portionen einfrieren. Übrige Innereien roh oder als Fertiggericht gefrieren, Sauce nicht binden. Schwach würzen.
In Herstellerverpackung.	Bei Raumtemperatur auftauen lassen, gemahlen, zwischendurch auflockern.	Nicht empfehlenswert.	Für alle Fälle!

Gefriergut	Gefrier-eignung	Haltbarkeit in Monaten	Vorbereitung
Kartoffelgerichte		1—2	Klöße auf Tablett einzeln vorgefrieren, dann verpacken. Kartoffelpüree schwach salzen, gut für Tellergerichte. Rösti nicht zu dunkel braten.
Kartoffelklöße	gut		
Kartoffelbrei	sehr gut		
Rösti	sehr gut		
Käse		3—6	Schnittkäse durch Folie trennen. Weichkäse zunächst reifen lassen.
Hüttenkäse	mäßig		
Schnittkäse	mäßig		
Weichkäse	sehr gut		
Hartkäse	mäßig		
Käse, gerieben	sehr gut		
Fonduemischung	befriedigend		

Verpackung	Auftauen und Zubereitung	Mikrowelle	Bemerkungen
Gefrierdosen, Beutel in Gefrierdosen, Kochbeutel, Beutel, Glasteller mit Gefrierfolie.	Klöße gefroren in siedendes Salzwasser geben. Kartoffelbrei antauen lassen, mit wenig Wasser bei mäßiger Hitze in der Pfanne aufbraten.	Klöße und Rösti nicht sehr empfehlenswert. Kartoffelbrei tauen und erwärmen: bei 50% 2×4 Min. + 5 Min. Standzeit. Mit Wasser befeuchten. Zwischendurch mit der Gabel rühren.	Nur für kleine Portionen, z. B. für Singles oder Senioren. Auch für Reste empfehlenswert.
Evtl. zusätzliche Verpackung: Folie oder Gefrierdosen. Reibkäse in Gefrierdosen oder Schraubgläsern verpacken.	In der Verpackung in Kühlschrank oder Küche tauen lassen. Reibkäse gefroren verwenden.	Nur in Notfällen Tauen: bei 10% 3×½ Min. + 5 Min. Standzeit.	Weiche, fetthaltige, ausgereifte Käse haben die besten Gefriereigenschaften. Magere, alte Hartkäse werden leicht trokken und krümelig. Reibkäse kann gefroren in Kleinstmengen entnommen und auf die Speisen gestreut werden. Fonduemischungen in warmem Wein langsam tauen. Bei Hüttenkäse Marken ausprobieren, einige werden breiig. Aufgetaute Käse innerhalb von 2 Tagen konsumieren.

Gefriergut	Gefrier-eignung	Haltbarkeit in Monaten	Vorbereitung
Käsekuchen	nicht gefriergeeignet (wird leicht wäßrig)		
Kastanien/Maroni	sehr gut	6	Einkerben, 5 Min. kochen, schälen.
Katzenfutter	sehr gut	3—4	Nur schlachtfrische Zutaten in Tagesportionen verpacken.
Kernobst		8—10	Schälen, achteln, in 30 %igem Zuckersirup mit Ascorbinsäure 2 Min. blanchieren. Für Kuchen plattengefrieren.
Äpfel	mäßig		
Birnen	gut		
Kirschen, süß	gut	8	Hellfleischige Sorten sind ungeeignet. Früchte waschen und gut trocknen. Stiele entfernen. Für baldigen Verbrauch ohne Zucker, sonst mit 10 % Zucker oder mit 20 % Zuckerlösung. Reste von Konserven mit Saft nur kurzfristig haltbar.

Verpackung	Auftauen und Zubereitung	Mikrowelle	Bemerkungen
Beutel, Gefrierdosen, Beutel in Gefrierdosen.	Gefroren für Füllungen verwenden.	Tauen und erwärmen: bei 100 % 2×4 Min. + 4 Min. Standzeit, mit 4—5 EL Wasser.	Ideal zum Füllen von Gänsen.
Gefrierdosen, Beutel in Gefrierdosen, Beutel, extra-starke Alufolie.	Tauen im Kühlschrank oder bei Raumtemperatur.	Tauen und erwärmen: bei 50 % 2×3 Min. + 3 Min. Standzeit.	Wesentliche Arbeits- und Preisersparnis. Nicht zu kalt füttern. Unbedingt beschriften.
Gefrierdosen, Beutel in Gefrierdosen.	Für Kuchen gefroren verwenden, sofort backen. Für Kompott in Sirup garen.	Tauen: bei 30 % 2×7 Min. + 5 Min. Standzeit. Tauen und garen: bei 100 % 3—4 Min.	Ideale Fallobstverwertung. Beim Auftauen zwischendurch Spalten trennen.
Gefrierdosen, Beutel in Gefrierdosen, Beutel. Konserven stets in Gefrierdosen umfüllen.	Gefroren für Kuchenbelag, Tortenbelag, Süßspeisen, Kompott, Kaltschalen und Marmelade verwenden. Wie gewohnt mit wenig Wasser verarbeiten.	Tauen: bei 30 % 2×4 Min. + 5 Min. Standzeit. Tauen und garen: bei 100 % 3—4 Min. 3—4 EL Wasser zugeben. Zwischendurch mit Gabel lockern. Erst am Ende zukkern.	Kirschen mit Zucker sind aromatischer, ohne Zucker vielseitiger verwendbar. Garen im Mikrowellengerät ist wegen geringer Wasserzugabe bei kleinen Portionen ideal.

Gefriergut	Gefrier-eignung	Haltbarkeit in Monaten	Vorbereitung
Knoblauch	mäßig	3	Schälen. Evtl. hacken.
Knochen	sehr gut	6	Portionsweise verpacken.
Kochfleisch, Siedfleisch, Suppenfleisch, Tafelspitz	sehr gut	2—3	Roh mit Suppengrün oder gegart, dann in familiengerechten Portionen mit Brühe verpacken.
Kohlrabi	sehr gut	12	Putzen, waschen, zerkleinern. In 5 l Wasser mit 1—2 g Ascorbinsäure 3 Min. blanchieren. Evtl. plattengefrieren.
Kohlrouladen	sehr gut	2	Wie gewohnt zubereiten, knapp garen, schwach würzen.

Verpackung	Auftauen und Zubereitung	Mikrowelle	Bemerkungen
Schraubgläser mit Kunststoffdeckel.	Gefroren verwenden.	Nicht empfehlenswert.	Wird nicht so schnell ranzig.
Gefrierdosen, Beutel.	In kaltem oder heißem Wasser wie gewohnt kochen.	Nicht empfehlenswert.	Besser große Mengen Brühe kochen, diese portionsweise gefrieren.
Gefrierdosen, Beutel in Gefrierdosen. Extra-starke Alufolie oder Beutel für rohes Fleisch.	Ohne Verpackung im Kühlschrank tauen, dann in der Brühe im Topf erhitzen. Rohes Fleisch angetaut wie gewohnt zubereiten.	Tauen und erhitzen: bei 50% 2×2 Min. und bei 100% 1 Min. + 3 Min. Standzeit. Für rohes Fleisch nicht empfehlenswert.	Praktisch: erst garen, dann portionieren und gefrieren. Zeitersparnis. Auch zu Salaten zu verarbeiten.
Gefrierdosen, Beutel in Gefrierdosen, Beutel.	Gefroren für Suppen und Eintöpfe. Kurz angetaut für Gemüse mit wenig Wasser oder Brühe im Topf auf dem Herd erhitzen und fertig garen.	Tauen und garen: bei 100% 2×4 Min. + 5 Min. Standzeit. 2 EL Wasser zufügen.	Wie gewohnt als Gemüse oder Auflauf zubereiten.
Gefrierdosen, Beutel in Gefrierdosen, Beutel, Kochbeutel.	Bei Raumtemperatur antauen, mit wenig Flüssigkeit bei schwacher Hitze langsam erwärmen, Kochbeutel in siedendem Wasser erwärmen.	Tauen und erwärmen: bei 30% 2×5 Min. und bei 100% 2 Min. + 5 Min. Standzeit, mit 2—3 EL Wasser.	Beliebtes Gefriergericht, erhebliche Arbeitsersparnis. Sauce erst zum Schluß binden.

Gefriergut	Gefrier-eignung	Haltbarkeit in Monaten	Vorbereitung
Kotelett			Überschüssiges Fett entfernen. Familiengerecht portionieren. Einzelne Koteletts durch doppelte Folie trennen, damit sie sich später leichter voneinander lösen. Evtl. plattengefrieren.
Hammel	sehr gut	8	
Kalb	gut	8	
Lamm	sehr gut	8	
Schwein	gut	6	
Kräuter		12	Putzen, waschen, evtl. zerkleinern. Evtl. plattengefrieren. Schnittlauch unbedingt kleinschneiden.
Dill	sehr gut		
Petersilie	sehr gut		
Salbei	sehr gut		
Sauerampfer	sehr gut		
Schnittlauch	sehr gut		
Kresse	ungeeignet		
Lauch/Porree	sehr gut	8	Putzen, waschen, zerkleinern. 3 Min. in 5 l Wasser mit 1–2 g Ascorbinsäure blanchieren. Evtl. plattengefrieren.
Lende			Überschüssiges Fett entfernen. Ganz oder familiengerecht portioniert, evtl. einzeln durch Folie trennen.
Kalb	sehr gut	8	
Rind	sehr gut	12	
Schwein	gut	6	

Verpackung	Auftauen und Zubereitung	Mikrowelle	Bemerkungen
Folie, extra-starke Alufolie, Beutel.	Im Kühlschrank antauen lassen, leicht gefroren wie gewohnt in der Pfanne braten.	Antauen: bei 30% 2×1½ Min. + 3 Min. Standzeit. Zwischendurch drehen und wenden.	Fett vermindert die Haltbarkeit. Paniert oder naturell zubereiten.
Schraubglas mit Kunststoffdeckel, Beutel.	Gefroren in die Speisen geben oder darüber streuen.	Nicht empfehlenswert.	Sehr praktisch für die Wintermonate. Kräuter können auch unzerkleinert im Beutel gefroren und in sehr kaltem Zustand darin fein zerrieben werden.
Gefrierdosen, Beutel in Gefrierdosen, Beutel.	Gefroren für Suppen und Eintöpfe, kurz angetaut für Gemüse mit wenig Wasser oder Brühe im Topf auf dem Herd erhitzen und fertig garen.	Tauen und garen: bei 100% 2×4 Min. + 5 Min. Standzeit. 3 EL Wasser zufügen.	Wie gewohnt als Gemüse oder für Suppe verwerten.
Beutel, Folie, extra-starke Alufolie, Brat-Gefrierfolie.	Ausgepackt im Kühlschrank antauen lassen, wie gewohnt zubereiten.	Antauen bei: 30% 2×1–2 Min. + 4 Min. Standzeit. Zwischendurch drehen und wenden. Zubereitung nicht sehr empfehlenswert, bräunt nicht.	Für Geschnetzeltes angetaut schneiden. Zum Braten fast auftauen lassen. Bald verzehren.

Gefriergut	Gefrier-eignung	Haltbarkeit in Monaten	Vorbereitung
Mais	sehr gut	8	Putzen, waschen. Evtl. Körner vom Kolben lösen. In 5 l Wasser 2 (Körner) oder 6 (Kolben) Min. blanchieren. Körner evtl. plattengefrieren.
Makronen	nicht ge-friergeeignet		
Marmelade/Gelee	sehr gut	12	Zuckerzusatz auf 30—60 % reduzieren.
Marzipan	sehr gut	36	Evtl. portionieren.
Meerrettich	sehr gut	12	Schälen, im ganzen oder gerieben (mit Zitronen-saft) verpacken.
Melonen Wassermelonen	sehr gut ungeeignet	12	Kleine Früchte ganz las-sen. Große schälen, ent-kernen, würfeln oder Bällchen formen. Evtl. 10 % Zucker zusetzen und 10 Min. Saft ziehen lassen.

Verpackung	Auftauen und Zubereitung	Mikrowelle	Bemerkungen
Gefrierdosen, Beutel in Gefrierdosen, Beutel.	Maiskörner gefroren für Suppen und Eintöpfe. Kurz angetaut für Gemüse mit wenig Wasser oder Brühe im Topf auf dem Herd erhitzen und fertig garen.	Tauen und garen: bei 100 % 2×6 Min. + 5 Min. Standzeit. 3 EL Wasser zufügen.	Praktisch für unverhoffte Gäste. Ideal für Suppen, Salate und für Pfannengemüse.
Gefrierdosen, kleine Gläser mit weiten Öffnungen.	Bei Raumtemperatur tauen.	Nicht empfehlenswert.	Eingefrorene Marmeladen und Gelees halten ihr Aroma sehr gut.
Herstellerverpackung. Folie oder extra-starke Alufolie.	Im Kühlschrank oder bei Raumtemperatur langsam tauen.	Nicht empfehlenswert.	Bei Selbstherstellung wesentliche Arbeitsersparnis. Gut als Backzutat.
Schraubgläser mit Kunststoffdeckel.	Ganzen Meerrettich gefroren reiben. Geriebenen während des Tauens mit der Gabel lockern.	Nicht empfehlenswert.	Arbeitsersparnis.
Gefrierdosen, Beutel in Gefrierdosen, Beutel.	Gefroren für Bowlen, Süßspeisen. Obstsalate und Kaltschalen verwenden. Angetaut mit Schinken als Vorspeise.	Tauen: bei 30 % 2×3 Min. + 5 Min. Standzeit. Zwischendurch mit Gabel lockern.	Gute Zutat zu Obstsalaten. Kalorienarm und preiswert.

Gefriergut	Gefrier-eignung	Haltbarkeit in Monaten	Vorbereitung
Milch		3	Nur homogenisierte Milch einfrieren. Flaschen platzen leicht.
Frischmilch	nicht gefriergeeignet		
homogenisierte Milch	gut		
Kondensmilch	mäßig	3	Unbedingt umfüllen!
Möhren	sehr gut	8	Putzen, waschen, zerkleinern. Evtl. plattengefrieren.
Mürbeteig	sehr gut	6	Blockartig oder rollenförmig ausformen, für Tortenböden gleich in die Form geben.
Mürbeteiggebäck/ Kleingebäck/ Plätzchen	sehr gut	6	Hell backen, Plätzchen erst nach dem Tauen verzieren.

Verpackung	Auftauen und Zubereitung	Mikrowelle	Bemerkungen
Pergabecher, Gefrierdosen.	Langsam in der Küche oder im Kühlschrank tauen. Für Kochzwecke bei mäßiger Hitze im Topf.	Tauen: bei 30 % 2×2 Min. + 3 Min. Standzeit.	Notvorrat für alle Fälle. Frischmilch ist nicht gefrierfähig. Getaute Milch ist nicht als Trinkmilch geeignet.
Kleine Gefrierdosen.	Im Kühlschrank oder bei Raumtemperatur.	Tauen: bei 30 % 2×1 Min. + 3 Min. Standzeit.	Praktisch für Reste, sonst nicht nötig.
Gefrierdosen, Beutel in Gefrierdosen, Beutel.	Gefroren für Suppen und Eintöpfe. Kurz angetaut für Gemüse mit wenig Wasser oder Brühe im Topf auf dem Herd erhitzen und fertig garen.	Tauen und garen: bei 100 % 2×4 Min. + 5 Min. Standzeit. 3 EL Wasser zufügen.	Nur bei sehr viel Gefrierraum empfehlenswert.
Beutel, Folie, extra-starke Alufolie, Gefrierdosen.	Im Kühlschrank oder bei Raumtemperatur tauen, kühl verarbeiten. Tortenböden gefroren in den Ofen schieben.	Nicht empfehlenswert.	Herstellung größerer Teigmenge bedeutet Arbeitsersparnis. Auch für Kleingebäck verwenden.
Beutel, Folie, extra-starke Alufolie. Gefrierdosen.	Bei Raumtemperatur oder kurz im Backofen aufbakken, kleine Mengen im Toaster.	Tauen: bei 30 % 2×1 Min. + 3 Min. Standzeit.	Schmeckt wie frisch. Vermeidet Streß in der Adventszeit.

Gefriergut	Gefrier-eignung	Haltbarkeit in Monaten	Vorbereitung
Muscheln/ Jakobsmuscheln	sehr gut	6	Garen, mit oder ohne Schalen verpacken.
Müsli	sehr gut	1	Wie gewohnt zubereiten, portionsweise abfüllen.
Nougat	sehr gut	3	Portionieren.
Nudeln		2—3	Knapp garen. In familiengerechten Portionen oder als Tellergerichte abpacken.
gekocht	mäßig		
Nudelgerichte	sehr gut		
Lasagne	sehr gut		
Maultaschen	sehr gut		
Ravioli	sehr gut		
Spätzle	sehr gut		
Nudelteig	sehr gut	6	Zu fertigen Nudeln ausformen.

Verpackung	Auftauen und Zubereitung	Mikrowelle	Bemerkungen
Gefrierdosen, Beutel in Gefrierdosen, Beutel.	Im Kühlschrank oder in heißer Suppe tauen.	Tauen und erhitzen: bei 50 % 2×4 Min. + 4 Min. Standzeit.	Ideal für Paella, Salate oder Muschelcremesuppe.
Gefrierdosen, Portionsschälchen.	Im Kühlschrank oder bei Raumtemperatur tauen.	Tauen: bei 30 % 2×3 Min. + 4 Min. Standzeit.	Praktisch für das schnelle Frühstück, Arbeitsersparnis.
Herstellerverpackung und extra-starke Alufolie.	Bei Raumtemperatur tauen.	Nicht empfehlenswert.	Großhandelsangebote nutzen.
Gefrierdosen, Beutel in Gefrierdosen, Kochbeutel, Teller mit Folie.	Im Kühlschrank antauen, bei mäßiger Hitze im Kochtopf langsam erwärmen, in siedendem Wasser erhitzen. Im Backenofen erhitzen.	Tauen und erhitzen: bei 50 % 2×5 Min. + 4 Min. Standzeit. 2—4 EL Wasser zufügen. Zwischendurch umrühren oder Formen drehen.	Fertiggerichte aus Teigwaren sind für Kleinhaushalte und Senioren ideal. Sonst auch für Reste geeignet. Bei Lasagne und Maultaschen wesentliche Arbeitsersparnis, diese können auch roh eingefroren werden.
Gefrierdosen, Beutel in Gefrierdosen, Beutel.	Gefroren in siedendes Wasser oder Brühe geben.	Nicht empfehlenswert.	Meistens nicht lohnend. Bleibt aber sehr frisch.

Gefriergut	Gefrier-eignung	Haltbarkeit in Monaten	Vorbereitung
Nüsse Erdnüsse Haselnüsse Mandeln Walnüsse	sehr gut	36	Mit, besser aber ohne Schale ganz, gehackt oder gemahlen.
Obstsäfte Apfelsaft Himbeersaft Holundersaft Johannisbeersaft Kirschsaft	sehr gut	12	Rohe oder erhitzte Säfte wie gewohnt zubereiten. Für Grütze und Geleebereitung in Mengen von je 1/2 oder 1 Liter portionieren. Reste aus Flaschen umfüllen. Siehe auch Zitrussäfte.
Obstsalat	sehr gut	12	Nur erstklassige, feste Früchte verarbeiten. Mit Zucker Saft ziehen lassen.
Ochsenschwanz	sehr gut	8	Möglichst im Schnellkochtopf garen und portionieren. Mit Brühe verpacken. Evtl. zuvor Fleisch vom Knochen lösen.

Verpackung	Auftauen und Zubereitung	Mikrowelle	Bemerkungen
Gefrierdosen, Beutel.	Bei Raumtemperatur tauen. Für Kuchen und Süßspeisen gefroren verwenden.	Tauen und rösten: bei 100 % 2×2—4 Min.	Mandeln und Nüsse werden auch zerkleinert nicht so bald ranzig. Arbeitsersparnis!
Gefrierdosen, Beutel in Gefrierdosen. Evtl. mäßig gefüllte Gläser mit weiten Öffnungen.	Im Kühlschrank oder in der Küche auftauen lassen. Für Gelee oder Süßspeisen auf der Kochplatte bei mäßiger Wärmezufuhr erhitzen.	Tauen: bei 30 % 1—2 Min. Tauen und erhitzen: bei 100 % 2—3 Min. Tauen und garen: bei 100 % 4—5 Min.	Günstig für kleinere Vorratsmengen und für die Bereitung aromatischer Gelees, Fruchtsaucen, Tortenguß und Grützen. Zukker besser erst nach dem Tauen zusetzen.
Gefrierdosen, Beutel in Gefrierdosen, Beutel.	Im Kühlschrank oder in der Küche auftauen lassen.	Tauen: bei 30 % 4 Min. + 4 Min. Standzeit.	Gute Resteverwertung. Günstig für Feste und in Kleinstportionen für Nachspeisen.
Gefrierdosen, Beutel in Gefrierdosen.	Im Kühlschrank oder im Topf bei mäßiger Hitze auf dem Herd auftauen.	Tauen: bei 30 % 2×3 Min.	Möglichst erst nach dem Auftauen binden. Falls mit Knochen gefroren, vor dem Binden Fleisch vom Knochen lösen.

Gefriergut	Gefrier-eignung	Haltbarkeit in Monaten	Vorbereitung
Okra	sehr gut	8	Waschen, Stiele nicht entfernen.
Oliven	nicht ge-friergeeignet		
Palmherzen	sehr gut	2	Reste von Dosenware unbedingt umfüllen.
Paprika	sehr gut	6	Putzen, waschen, zerkleinern. Evtl. plattengefrieren.
Pasteten Fisch Fleisch Wild	sehr gut	2—3	Wie gewohnt zubereiten, schwach würzen, Fett sparen. Evtl. portionieren, Scheiben durch Folie trennen.
Pfannkuchen/ Kaiserschmarren	sehr gut	2	Wie gewohnt zubereiten.

Verpackung	Auftauen und Zubereitung	Mikrowelle	Bemerkungen
Beutel, Gefrierdosen.	Gefroren für Suppen und Eintöpfe, kurz angetaut für Gemüse mit wenig Wasser oder Brühe im Topf auf dem Herd erhitzen und fertig garen.	Tauen und garen: bei 100 % 2×3 Min. + 5 Min. Standzeit. 2 EL Wasser zufügen.	Für mittelamerikanische Spezialitäten und für Pfannengemüse. Mit Stiel verarbeiten.
Gefrierdosen.	Gefroren in der Marinade auftauen oder für Aufläufe verwenden.		Für Salat oder zum Gratinieren.
Gefrierdosen, Beutel in Gefrierdosen, Beutel.	Gefroren für Salate, Suppen und Eintöpfe, kurz angetaut für Gemüse mit wenig Wasser oder Brühe im Topf auf dem Herd erhitzen und fertig garen.	Tauen und garen: bei 100 % 2×3 Min. + 5 Min. Standzeit. 3 EL Wasser zufügen. Nur tauen: bei 30 % 2×3 Min. auf flachem Teller.	Für Salat, Suppen, Eintopf oder als Gemüse.
Folie, extra-starke Alufolie.	Ausgepackt im Kühlschrank auftauen.	Nicht empfehlenswert.	
Gefrierdosen, Beutel in Gefrierdosen, extra-starke Alufolie.	Angetaut in der Pfanne oder zu Flädle geschnitten in Brühe erhitzen.	Tauen und erhitzen: bei 50 % 2×6 Min. + 4 Min. Standzeit. Zwischendurch drehen und wenden, befeuchten.	Als Resteverwertung, sonst nicht lohnend. Als Suppeneinlage vorzüglich.

Gefriergut	Gefrier-eignung	Haltbarkeit in Monaten	Vorbereitung
Pilze Champignons Pfifferlinge Steinpilze	sehr gut	8	Putzen, waschen, zerkleinern. Evtl. plattengefrieren. Mit Zitrone beträufeln.
Pizza	sehr gut	3	Teigboden mit Eiweiß bepinseln, dann belegen, damit er nicht weich wird. Knapp würzen.
Pommes frites	sehr gut	3	Knapp garen.
Preiselbeeren, Kronsbeeren, Moosbeeren	sehr gut	12	Verlesen, waschen, trocknen. Mit 20 % Zukker Saft ziehen lassen. Auch als fertiges Kompott mit 30 % Zuckerzusatz.
Quark, Mascarpone	gut — sehr gut gut	6—12	Für kurzfristige Lagerung genügt Verkaufspakkung. Evtl. mit Früchten oder Kräutern verrühren.

Verpackung	Auftauen und Zubereitung	Mikrowelle	Bemerkungen
Gefrierdosen, Beutel in Gefrierdosen, Beutel.	Gefroren für Eiergerichte und Eintöpfe, kurz angetaut für Gemüse mit wenig Fett oder Sahne im Topf auf dem Herd erhitzen und fertig garen.	Tauen und garen: bei 100% 2×3—4 Min. + 4 Min. Standzeit. 2—3 EL Wasser zufügen. Zwischendurch umrühren.	Für Rührei, Suppe, Gemüse oder Aufläufe. Pilze können auch in wenig Fett gedünstet mit etwas Zitronensaft für max. 2 Monate gefroren werden.
Evtl. auf Pappe oder in Backform und extra-starke Alufolie.	Gefroren im vorgeheizten Backofen gehen lassen und backen.	Nicht empfehlenswert.	Arbeitsersparnis. Belag sollte nicht zu feucht sein. Industrieware sehr beliebt.
Gefrierdosen, Beutel.	In der Pfanne oder unter dem Grill erhitzen, dann salzen.	Nicht empfehlenswert. Bräunen nicht.	Industrieware besonders praktisch.
Gefrierdosen, Beutel in Gefrierdosen, Beutel.	Für Saucen gefroren den Speisen zufügen. Sonst bei geringer Hitze auf dem Herd tauen, dann garen.	Tauen und garen: bei 100% 3—4 Min. + 5 Min. Standzeit. 3 EL Wasser zufügen.	Mit geringem Zuckerzusatz ideal als Beilage.
Herstellerverpackung, evtl. zusätzliche Folie oder Alufolie. Gefrierdosen, Joghurtbecher mit Alufolie.	Im Kühlschrank oder in der Küche tauen. Geschlossene Packung evtl. unter kaltes Fließwasser halten.	Nicht empfehlenswert.	Marken ausprobieren, einige Sorten werden leicht grießig. Mascarpone wird leicht wäßrig. Fettquark ist besser geeignet. Quarkzubereitungen ausprobieren.

Gefriergut	Gefrier-eignung	Haltbarkeit in Monaten	Vorbereitung
Quarkblätterteig	sehr gut	3	Blockartig ausformen.
Quarkblätterteig-gebäck	sehr gut	3—4	Hell backen, kein Puder-zuckerguß.
Quarkölteiggebäck	sehr gut	3—4	Hell backen, kein Puder-zuckerguß.
Quiche, Speckkuchen, Zwiebelkuchen	sehr gut	3—4	Ungebacken oder gebacken, dann evtl. portionieren.
Quitten	sehr gut	12	Ganze Früchte einzeln verpackt. Oder als Mus siehe Seite 108, als Saft siehe Seite 136.

Verpackung	Auftauen und Zubereitung	Mikrowelle	Bemerkungen
Beutel, Folie, extra-starke Alufolie, Gefrierdosen.	Im Kühlschrank oder bei Raumtemperatur tauen und kühl verarbeiten.	Nicht empfehlenswert.	Größere Mengen werden besser und ersparen viel Zeit.
Beutel, Folie, extra-starke Alufolie, Gefrierdosen.	Bei Raumtemperatur oder im Backofen.	Tauen: bei 30 % 2×1 Min. + 5 Min. Standzeit. Nicht abdecken. Papier unterlegen.	Schmeckt wie frisch. Süßes Gebäck erst nach dem Tauen zuckern.
Beutel, Folie, extra-starke Alufolie.	Bei Raumtemperatur oder im Backofen.	Tauen: bei 30 % 2×1 Min. + 5 Min. Standzeit. Nicht abdecken. Papier unterlegen.	Schmeckt wie frisch. Süßes Gebäck erst nach dem Tauen zuckern. Teig zu gefrieren lohnt nicht.
Kuchenform, Folie, extra-starke Alufolie auf Pappunterlage.	Roh gefroren wie gewohnt im Ofen backen, gare Kuchen bei 50 °C im Ofen aufbacken.	Roh: unbefriedigend. Gebacken: tauen und erhitzen bei 100 % 2×3 Min. + 3 Min. Standzeit. Nicht abdecken. Papier unterlegen.	Wesentliche Arbeitsersparnis. Besser hell fertig backen. Schmecken wie frisch.
Extra-starke Alufolie, Beutel.	In der Küche über Nacht auftauen lassen, dann wie gewohnt schneiden und mit wenig Wasser auf dem Herd garen und weiterverarbeiten.	Tauen: bei 30 % 2—3 Min. Vor dem Garen tauen und schneiden. Tauen und garen: bei 100 % 5—6 Min. 5 EL Wasser zufügen. 1—2mal umrühren.	Quittenbrot mit geringem Zukkerzusatz wird nicht feucht und schimmelt nicht. Gefrorener Quittensaft ist stets etwas heller.

Gefriergut	Gefrier-eignung	Haltbarkeit in Monaten	Vorbereitung
Radieschen	nicht gefriergeeignet		
Rahmgemüse Blumenkohl Broccoli Kohlrabi Rosenkohl Spinat Wirsing	sehr gut	6	Putzen, waschen, zerkleinern. Wie gewohnt knapp garen. Für die Sauce kein Mehl, sondern weiße Sauce nehmen. In flache kleine Behälter füllen.
Räucherfisch Bückling Forelle Lachs Makrelen Sprotten	sehr gut	2—3	So frisch wie möglich einzeln verpacken oder plattengefrieren, dann verpacken.
Reibekuchen/ Kartoffelpuffer	sehr gut	2—3	Hell backen, Fett auf Küchenkrepp abtropfen lassen. Evtl. plattengefrieren.
Reis, gegart	sehr gut	2—3	Familiengerecht portionieren oder plattengefrieren.
Rettich	nicht gefriergeeignet		

Verpackung	Auftauen und Zubereitung	Mikrowelle	Bemerkungen
Gefrierdosen, Beutel in Gefrierdosen, Beutel.	Angetaut mit wenig Wasser oder Brühe bei schwacher Hitze langsam auf dem Herd tauen und wie gewohnt fertig garen.	Tauen und erhitzen: bei 50% 2×4 Min. und bei 100% 3 Min. 2—3 EL Wasser zufügen. Tauen und garen: bei 100% 2×6 Min. + 5 Min. Standzeit. 3 EL Wasser zufügen. Mit Gabel lockern.	Ideal in kleinen Portionen für Säuglinge, Kranke und Singles. Erhebliche Arbeitsersparnis.
Folie, extra-starke Alufolie, Schlauchware.	Im Kühlschrank oder Backofen (Heißluft) bei 50°C tauen, evtl. unter dem Grill leicht wärmen.	Tauen und erwärmen: bei 50% 2×2 Min. + 3 Min. Standzeit.	Schmecken leicht erwärmt wie frisch aus dem Rauch.
Folie, extra-starke Alufolie, Gefrierdosen.	In der Pfanne tauen und erhitzen.	Nicht besonders empfehlenswert. Werden nicht kroß.	Ideale Resteverwertung.
Gefrierdosen. Beutel, Kochbeutel.	In der Pfanne aufbraten, in Brühe aufkochen, im Kochbeutel erhitzen.	Tauen und erhitzen: bei 100% 2—3 Min. + 4 Min. Standzeit. 2—3 EL Wasser zufügen. 1—2mal umrühren.	Sehr praktisch für Kleinhaushalte, Singles, Senioren und Tellergerichte.

Gefriergut	Gefriereignung	Haltbarkeit in Monaten	Vorbereitung
Rhabarber	sehr gut	12	Nur Frühjahrsware, wie gewohnt vorbereiten. Mit 20 % Zuckerzusatz oder mit 30 % Zuckerlösung verpacken. Evtl. kurz vorkochen.
Rindfleisch			Siehe Braten, Filet, Fleisch in Sauce, Gulaschfleisch, Lende, Roulade, Sauerbraten.
Rosenkohl	sehr gut	12	Putzen, waschen. In 5 l Wasser mit 1—2 g Ascorbinsäure 3 Min. blanchieren. Evtl. plattengefrieren.
Rote Bete	sehr gut	8	Waschen, wie üblich garen und zubereiten.

Verpackung	Auftauen und Zubereitung	Mikrowelle	Bemerkungen
Gefrierdosen, Beutel in Gefrierdosen.	Gefroren für Kuchenbelag, Kompott, Kaltschalen und Süßspeisen verwenden. Wie gewohnt evtl. mit wenig Wasser verarbeiten.	Tauen: bei 30% 2×2 Min. + 5 Min. Standzeit. Tauen und garen: bei 100% 3–5 Min. Wenig Wasser zugeben. Zwischendurch mit der Gabel lockern.	Rhabarber mit Zucker ist aromatischer, ohne Zucker vielseitiger verwendbar. Garen im Mikrowellengerät ist wegen geringer Wasserzugabe bei kleinen Portionen ideal.
Gefrierdosen, Beutel in Gefrierdosen, Beutel.	Gefroren für Suppen und Eintöpfe, kurz angetaut für Gemüse mit wenig Wasser oder Brühe im Topf auf dem Herd erhitzen und fertig garen.	Tauen und garen: bei 100% 2×5 Min. + 4 Min. Standzeit. 2–3 EL Wasser zufügen.	Nur bei sehr viel Gefrierraum lohnend.
Gefrierdosen, Beutel in Gefrierdosen, Beutel.	Gefroren in der Marinade tauen, zwischendurch mit der Gabel Stücke voneinander trennen.	Tauen: bei 30% 2×3 Min. + 5 Min. Standzeit. Etwas befeuchten. 1–2mal umrühren.	Nur bei sehr viel Gefrierraum lohnend. Gut als Salat.

Gefriergut	Gefriereignung	Haltbarkeit in Monaten	Vorbereitung
Rotkohl	sehr gut	3	Putzen, waschen, zerkleinern. Wie üblich zubereiten, knapp garen, schwach würzen. In flache, kleine Behälter füllen.
Rübstiel	sehr gut	12	Putzen, waschen, zerkleinern. In 5 l Wasser mit 1—2 g Ascorbinsäure 3 Min. blanchieren. Evtl. plattengefrieren.
Rührkuchen, Schokoladenkuchen	sehr gut	4—6	Kein Puderzucker- oder Schokoladenguß. Familiengerecht portionieren.
Rührteig	gut	3—4	Wie gewohnt zubereiten, Form stark einfetten.

Verpackung	Auftauen und Zubereitung	Mikrowelle	Bemerkungen
Gefrierdosen, Beutel in Gefrierdosen, Beutel.	Angetaut mit wenig Wasser oder Brühe bei schwacher Hitze langsam auf dem Herd tauen und wie gewohnt fertig garen und abschmecken.	Tauen und erhitzen: bei 50 % 2×3 Min. und bei 100 % 3 Min. 3 EL Wasser zufügen. Tauen und garen: bei 100 % 2×6 Min. + 5 Min. Standzeit. 3 EL Wasser zufügen.	Möglichst als Fertiggericht in Tagesportionen und schwach gewürzt einfrieren. Dann erhebliche Arbeitsersparnis. Für Salat wie Weißkohl einfrieren.
Gefrierdosen, Beutel in Gefrierdosen; evtl. Gefrierdosen nach dem Gefrieren wieder entfernen. Beutel.	Gefroren für Suppen und Eintöpfe, kurz angetaut für Gemüse mit wenig Wasser oder Brühe im Topf auf dem Herd erhitzen und fertig garen.	Tauen und garen: bei 100 % 2×6 Min. + 5 Min. Standzeit. 3 EL Wasser zufügen.	Wie gewohnt zu Gemüse oder Eintopf verarbeiten.
Kuchenform, Beutel, Folie, extrastarke Alufolie, evtl. Pappunterlage, Gefrierdose.	Bei Raumtemperatur antauen, im Ofen bei 50 °C oder unter dem Grill kurz erwärmen.	Tauen: bei 30 % 2×1—1½ Min. + 5 Min. Standzeit. Nicht abdekken. Papier unterlegen.	Sehr gute Resultate. Schmeckt wie frisch. Unbedingt in Tagesportionen verpacken, wird sonst schnell alt.
Backform	Vor dem Backen im Kühlschrank oder in der Küche auftauen, wie gewohnt backen.	Nicht empfehlenswert.	Besser als gebackene Kuchen gefrieren. Bei Obstkuchen Teig erst nach dem Tauen mit Früchten belegen.

Gefriergut	Gefrier-eignung	Haltbarkeit in Monaten	Vorbereitung
Sagogerichte	nicht gefriergeeignet		
Sahne		3—4	Süße Sahne in Verkaufspackung, evtl. zusätzlich extra-starke Alufolie. Geschlagene, gesüßte Sahne portionsweise zunächst plattengefrieren, dann verpacken.
sauer	ungeeignet		
Crème fraîche	ungeeignet		
Crème double	ungeeignet		
Sahne, süß	sehr gut		
Kaffeesahne über 40 %	gut		
Salate		2—3	Salate wie üblich zubereiten, knapp garen, schwach würzen. Keine selbstgemachte Mayonnaise oder gekochten Eier verwenden.
gekochte Zutaten	meist sehr gut		
rohe Zutaten	nicht gefriergeeignet (siehe Zutaten)		

Verpackung	Auftauen und Zubereitung	Mikrowelle	Bemerkungen
Herstellerverpackung und evtl. Alufolie. Schlagsahneportionen flache Gefrierdosen mit Zwischenlagen von Alufolie.	In der Küche oder im Kühlschrank in 1—2 Stunden antauen lassen. Schlagen, wenn noch Eiskristalle sichtbar. Schlagsahnetupfer tauen in 15 Min. auf Süßspeisen und Kuchen.	Nur in Notfällen. Tauen: bei 10 % 2×2 Min. Schlagen, wenn noch Kristalle sichtbar sind. Sahnetupfer zum Auftauen nicht geeignet.	Kaffeesahne flockt nach dem Auftauen im Kaffee aus, ist aber für Kochzwecke verwendungsfähig. Nur industriell tiefgekühlte saure Sahneflocken und ähnliche Produkte sind gefrierfähig und können löffelweise aus den Packungen entnommen werden.
Gefrierdosen, Beutel in Gefrierdosen; evtl. Gefrierdosen nach dem Gefrieren wieder entfernen. Beutel.	Im Kühlschrank oder der Küche tauen, zwischendurch rühren. Deckel auflegen.	Tauen: bei 30 % 2×4 Min. Zwischendurch umrühren.	Auftauen in Marinade bedeutet erhebliche Geschmacksverbesserung. Ideal für Picknicks. Tagesportionen gefrieren. Sogleich verzehren!

Gefriergut	Gefrier-eignung	Haltbarkeit in Monaten	Vorbereitung
Salzgebäck	sehr gut	8	Unbedingt portionieren.
Saucen		2—3	Familiengerecht portionieren. Fett abschöpfen bzw. wenig Fett verwenden. Knapp würzen. Nicht mit Mehl binden. Industrielle weiße Sauce verwenden.
Bratensauce	sehr gut		
Helle Sauce	sehr gut		
Tomatensauce	meist sehr gut		
Sauerkirschen	sehr gut	12	Feste Früchte wählen. Waschen, trocknen. Stiele entfernen. Für baldigen Verbrauch ohne Zucker, sonst mit 10% Zucker oder mit 20% Zuckerlösung. Reste von Dosenware mit Saft kurzfristig haltbar. Evtl. plattengefrieren.
Sauerkraut	sehr gut	12	Roh einfrieren oder wie üblich garen, knapp würzen, in flache kleine Behälter füllen.

Verpackung	Auftauen und Zubereitung	Mikrowelle	Bemerkungen
Herstellerverpackung und Beutel oder Folie oder extra-starke Alufolie.	Bei 50°C kurz im Ofen aufbacken.	Tauen: bei 30% 2×1 Min. + 3 Min. Standzeit. Nicht abdecken. Papier unterlegen.	Ideal für unverhoffte Gäste.
Kleine Gefrierdosen, Joghurtbecher, Gläser.	Bei Raumtemperatur antauen. Bei mäßiger Hitze und geringer Flüssigkeitszugabe langsam unter Rühren im Topf erhitzen.	Tauen und erhitzen: bei 50% 2×3 Min. Zwischendurch rühren. Evtl. Wasser zufügen.	Nur für Reste oder Singles empfehlenswert.
Gefrierdosen, Beutel in Gefrierdosen, Beutel. Reste von Konserven in Gefrierdosen umfüllen.	Gefroren für Kuchenbelag, Tortenbelag, Süßspeisen, Kompott, Kaltschalen und Marmelade verwenden. Wie gewohnt mit wenig Wasser verarbeiten.	Tauen: bei 30% 2×3 Min. + 5 Min. Standzeit. Tauen und garen: bei 100% 3–4 Min. Zwischendurch mit Gabel lockern. 3–4 EL Wasser zufügen. Erst am Ende zuckern.	Kirschen mit Zucker sind aromatischer, ohne Zucker vielseitiger verwendbar. Garen im Mikrowellengerät ist bei kleinen Portionen ideal.
Gefrierdosen, Beutel in Gefrierdosen, Beutel.	Für Salat gefroren in der Marinade tauen, zwischendurch lockern. Als Gemüse angetaut mit wenig Flüssigkeit bei schwacher Hitze langsam erhitzen, garen und abschmecken.	Tauen und erhitzen: bei 50% 2×3 Min. und bei 100% 3 Min. +4–5 Min. Standzeit. 3–4 EL Wasser zufügen. Mit der Gabel lockern.	Sehr gut für Rohkostsalat. Sonst nur bei reichlich Gefrierraum empfehlenswert.

Gefriergut	Gefrier-eignung	Haltbarkeit in Monaten	Vorbereitung
Schmalz	sehr gut	6	Nach Belieben mit Zwiebeln und Äpfeln auslassen.
Schnecken	sehr gut	Hersteller-angaben	Industrieware.
Schnitzel			Überschüssiges Fett entfernen. Familiengerecht portionieren. Einzelne Schnitzel durch doppelte Folie trennen, damit sie sich später leichter voneinander lösen. Evtl. plattengefrieren.
Kalb	sehr gut	8	
Schwein	gut	6	
Schokolade	nicht empfehlenswert		
Schwarzwurzeln	sehr gut	12	Putzen, waschen, zerkleinern. In 5 l Wasser mit 2 g Ascorbinsäure 5 Min. blanchieren. Evtl. plattengefrieren.
Schweinefleisch	gut		Siehe auch Braten, Filet, Hackfleisch, Haxe, Innereien, Kotelett, Lende, Schnitzel, Wurst.

Verpackung	Auftauen und Zubereitung	Mikrowelle	Bemerkungen
Gläser, hitzefeste Gefrierdosen.	Im Kühlschrank oder bei Raumtemperatur tauen.	Nicht empfehlenswert.	Praktisch bei großem Schmalzanfall zur Weihnachtszeit.
Herstellerverpackung.	Im Backofen oder unter dem Grill tauen und erhitzen.	Nicht empfehlenswert. Häuschen platzen.	Beliebte Feinschmeckerspezialität.
Folie, extra-starke Alufolie, Beutel.	Im Kühlschrank antauen lassen, leicht gefroren wie gewohnt in der Pfanne braten.	Antauen: bei 30 % 2×1½ Min. + 3 Min. Standzeit. Zwischendurch drehen und wenden.	Fett vermindert die Haltbarkeit. Paniert oder naturell zubereiten.
Gefrierdosen, Beutel in Gefrierdosen, Beutel.	Mit wenig Wasser oder Brühe im Topf auf dem Herd tauen und wie gewohnt garen.	Tauen und garen: bei 100 % 2×5 Min. + 5 Min. Standzeit. 3 EL Wasser zufügen.	Einmaliges Putzen bedeutet erhebliche Arbeitsersparnis. Wie gewohnt zubereiten.

Gefriergut	Gefrier-eignung	Haltbarkeit in Monaten	Vorbereitung
Schweinefleisch, gepökelt Kasseler Eisbein Schinken, gekocht	mäßig	1—3	Portionieren, Knochen möglichst auslösen. Schinken in Scheiben schneiden. Fett entfernen.
Sellerie	sehr gut	8	Putzen, waschen, zerkleinern. In 5 l Wasser mit 1—2 g Ascorbinsäure 5 Min. blanchieren. Evtl. plattengefrieren. Für Suppengrün nicht blanchieren.
Sojabohnenkeime	sehr gut	12	Verlesen, waschen. In 5 l Wasser mit 2 g Ascorbinsäure 2 Min. blanchieren. Evtl. plattengefrieren.
Soufflé	nicht gefriergeeignet		

Verpackung	Auftauen und Zubereitung	Mikrowelle	Bemerkungen
Extra-starke Alufolie, Folie, Gefrierdosen.	Rohe Ware in Brühe oder auf Kraut tauen und garen. Sonst im Kühlschrank tauen, kalt oder erwärmt verzehren.	Schinkenaufschnitt nicht empfehlenswert. Tauen und garen: bei 100% 2×10 Min. 2 bis 4 EL Brühe zufügen. Drehen und wenden!	Je nach Qualität wird das Fleisch oft wäßrig. Oft nur für Gerichte zu verarbeiten. Sofort verbrauchen.
Gefrierdosen, Beutel in Gefrierdosen, Beutel.	Gefroren für Suppen und Eintöpfe, kurz angetaut für Gemüse mit wenig Wasser oder Brühe im Topf auf dem Herd erhitzen und fertig garen. Für Salat gefroren in der Marinade tauen, zwischendurch mit der Gabel lockern.	Tauen und garen: bei 100% 2×4 Min. + 5 Min. Standzeit. 3 EL Wasser zufügen.	Gut für Salat, Cremesuppen oder als Gemüse. Auch für Gemüsemischungen und Suppengrün.
Gefrierdosen, Beutel in Gefrierdosen, Beutel.	Für Salat gefroren in der Marinade tauen. Ideal für Pfannengemüse, gefroren verwenden.	Tauen und garen: bei 100% 2×3 Min. + 5 Min. Standzeit. 3 EL Wasser zufügen.	Für Salat, asiatische Gemüsemischung, als Pfannengemüse. Auch als Zugabe für Rührei oder Omeletts.

Gefriergut	Gefriereignung	Haltbarkeit in Monaten	Vorbereitung
Spargel weiß, grün	sehr gut	6	Putzen, waschen, evtl. zerkleinern. Evtl. plattengefrieren.
Speck	mäßig	2	Portionieren.
Spinat, Mangold, Melde	sehr gut	8	Putzen, waschen, zerkleinern. In 5 l Wasser 1½ Min. blanchieren.
Steckrüben	sehr gut	12	Putzen, waschen, zerkleinern. In 5 l Wasser mit 2 g Ascorbinsäure 5 Min. blanchieren. Evtl. plattengefrieren.

Verpackung	Auftauen und Zubereitung	Mikrowelle	Bemerkungen
Gefrierdosen, Beutel in Gefrierdosen, Beutel.	Am besten gefroren in Sud garen und mit Sauce servieren.	Tauen und garen: bei 100% 2×6 Min. + 5 Min. Standzeit. 4 EL Wasser zufügen.	Unblanchierter Spargel behält seine Konsistenz besser. Gut als Gemüse in heller Sauce, weniger für Vorspeisen oder Salate geeignet.
Folie, extra-starke Alufolie.	Angetaut schneiden.	Nicht empfehlenswert.	Speck hält sich auch im Kühlschrank.
Gefrierdosen, Beutel in Gefrierdosen, Beutel.	Angetaut mit wenig Wasser oder Brühe bei schwacher Hitze langsam auf dem Herd tauen und wie gewohnt fertig garen und abschmecken.	Tauen und garen: bei 100% 2×5 Min. + 5 Min. Standzeit. 3 EL Milch zufügen.	Beliebtestes Gefriergemüse. Wie gewohnt verwerten, auch als Füllung für Pfannkuchen oder zu Cremesuppe. Reste keinesfalls wieder verwerten!
Gefrierdosen, Beutel in Gefrierdosen, Beutel.	Gefroren für Suppen und Eintöpfe, kurz angetaut für Gemüse mit wenig Wasser oder Brühe im Topf auf dem Herd erhitzen und fertig garen.	Tauen und garen: bei 100% 2×6 Min. + 5 Min. Standzeit. 3 EL Wasser zufügen.	Gefrieren in der Regel unrentabel. Wie gewohnt verwerten.

Gefriergut	Gefrier-eignung	Haltbarkeit in Monaten	Vorbereitung
Steinobst		8—12	Feste, nicht bräunende Sorten wählen. Waschen, trocknen, entsteinen. Aprikosen und Pfirsiche überbrühen, schälen und entsteinen. Evtl. blanchieren. Früchte mit 20—30 % Zuckerlösung und 1—2 g Ascorbinsäurezusatz behalten am besten die Farbe. Obst für Kuchen ohne Zuckerzusatz verpacken. Kleine Mengen zunächst plattengefrieren. Reste von Dosenware unbedingt umfüllen.
Aprikosen	mäßig		
Mirabellen	mäßig		
Nektarinen	gut		
Pfirsiche	gut		
Pflaumen	gut		
Renekloden	mäßig		
Zwetschgen	mäßig		
Streusel	gut	4—6	Wie gewohnt zubereiten. Evtl. plattengefrieren.
Strudel	sehr gut	3—4	Wie gewohnt zubereiten, hell backen. Evtl. portionieren. Evtl. vor dem Verpacken vorgefrieren.
Strudelteig	gut	3—4	Wie gewohnt zubereiten, sogleich füllen und plattengefrieren, dann verpacken.

Verpackung	Auftauen und Zubereitung	Mikrowelle	Bemerkungen
Gefrierdosen, Beutel in Gefrierdosen. Konserven stets in Gefrierdosen umfüllen.	Gefroren für Kuchenbelag, Tortenbelag, Süßspeisen, Kompott, Kaltschalen und Marmelade verwenden. Wie gewohnt mit wenig Wasser verarbeiten.	Tauen: bei 30% 2×1 Min. + 5 Min. Standzeit. Tauen und garen: bei 100% 3—4 Min. 3—4 EL Wasser zufügen. Zwischendurch mit der Gabel lockern. Erst am Ende zukkern.	Erfahrungen für bräunungsfreie Sorten sammeln. Steinobst mit Zucker ist aromatischer, ohne Zucker vielseitiger verwendbar. Zukkerzugabe erhält auch die Farbe. Garen im Mikrowellengerät ist wegen geringer Wasserzugabe bei kleinen Portionen gut.
Beutel, Gefrierdosen.	Gefroren auf Kuchen oder Aufläufe geben.	Nicht empfehlenswert.	Arbeitsersparnis!
Folie, extra-starke Alufolie, auf Pappunterlage.	Im Backofen bei 50°C tauen und lauwarm servieren.	Tauen und erwärmen: bei 50% 2×1½ Min. + 4 Min. Standzeit.	Wesentliche Arbeitsersparnis, schmeckt wie frisch. Besonders gut: Apfelstrudel.
Folie, extra-starke Alufolie auf Pappunterlage.	Gefroren im Backofen wie gewohnt backen.	Nicht empfehlenswert.	Besser fertiggebackenen Strudel einfrieren.

Gefriergut	Gefrier-eignung	Haltbarkeit in Monaten	Vorbereitung
Suppen	meist sehr gut	2—3	Wenig Fett verwerten. Knapp würzen und garen. Kein Mehl verwenden, statt dessen industrielle helle Suppen. Familiengerecht portionieren.
<u>Suppeneinlagen</u> Eierstich Leberspätzle Leberknödel Markklößchen	sehr gut	2—3	Wie gewohnt zubereiten, schwach würzen. Familiengerecht portionieren. Evtl. plattengefrieren.
Süßkartoffeln	sehr gut	6	Putzen, waschen, zerkleinern. In 5 l Wasser mit 2 g Ascorbinsäure 4 Min. blanchieren. Evtl. plattengefrieren.
<u>Süßspeisen</u> Gelatine-speisen Milchreis Grießpudding Rote Grütze	 teils sehr gut sehr gut sehr gut teils sehr gut	3	Wie gewohnt zubereiten, familiengerecht portionieren. Gelatinespeisen stets mit Sahne und Ei zubereiten. Rote Grütze nur mit Grieß binden.

Verpackung	Auftauen und Zubereitung	Mikrowelle	Bemerkungen
Gefrierdosen	Angetaut mit geringer Flüssigkeitszugabe bei mäßiger Hitze unter Rühren erhitzen. Evtl. mit etwas Wasser.	Tauen und erhitzen: bei 100 % 2×3—5 Min. + 4 Min. Standzeit. Zwischendurch rühren!	Siehe auch unter den verschiedenen Zutaten.
Gefrierdosen, Beutel.	Gefroren in kochender Brühe tauen.	Tauen und erhitzen: bei 100 % 3—4 Min. in heißer Brühe. Rühren!	Wesentliche Arbeitsersparnis.
Gefrierdosen, Beutel in Gefrierdosen, Beutel.	Gefroren in kleinen Portionen wie Pommes frites fritieren oder angetaut mit wenig Flüssigkeit bei schwacher Hitze wie gewohnt garen und fertigstellen.	Nicht empfehlenswert.	Gefrieren meist unrentabel. Für ausländische Spezialitäten.
Joghurtbecher, Portionsschälchen, Glasschälchen bis max. 1 l mit Folie oder extra-starker Alufolie, Gefrierdosen.	Im Kühlschrank oder bei Raumtemperatur tauen.	Für Gelatinespeisen nicht empfehlenswert. Sonst tauen: bei 30 % 2×3 Min. + 5 Min. Standzeit.	Mit Speisestärke, Sago oder Puddingpulver gebundene Nachspeisen werden wäßrig. Gelatine-Gelee-Speisen sind nicht empfehlenswert, sie werden wäßrig.

Gefriergut	Gefrier-eignung	Haltbarkeit in Monaten	Vorbereitung
Tee	nicht gefriergeeignet		
Tofu	sehr gut	3	Evtl. portionieren.
Tomaten	mäßig	8	Waschen. Trocknen.
Tomatenmark	sehr gut	12	Tomaten waschen, vierteln, kochen, pürieren, einkochen. Knapp würzen.
Trockenobst Backobst Korinthen Orangeat Rosinen Sultaninen Zitronat	sehr gut	36	Zusätzlich zur Verkaufspackung noch mal verpacken, um Austrocknen zu vermeiden.
Waffeln	sehr gut	4—6	Wie gewohnt, aber nicht zu dunkel backen, nicht zuckern.

Verpackung	Auftauen und Zubereitung	Mikrowelle	Bemerkungen
Herstellerverpackung und evtl. Folie oder extra-starke Alufolie.	Im Kühlschrank oder bei Raumtemperatur zugedeckt tauen.	Tauen: bei 30 % 2×1 Min. + 3 Min. Standzeit.	Ideale, eiweißreiche Zutat für asiatische und Vollwertgerichte, wird aber etwas trocken.
Beutel.	Haut angetaut abziehen, dann schneiden und für Suppen, Saucen und Aufläufe verwenden.	Antauen: bei 30 % 2×2 Min., dann häuten und schneiden.	Nicht zum Rohgenuß geeignet.
Kleine Gefrierdosen, Eiswürfelbehälter.	In kleinen Mengen gefroren verwenden, sonst antauen lassen.	Nicht empfehlenswert.	Wesentliche Arbeitsersparnis. Kleinstportionen sind ideal für Suppen und Saucen.
Beutel, Gefrierdosen.	Gefroren verwenden oder bei Raumtemperatur tauen lassen.	Tauen: bei 30 % 2×3 Min. + 5 Min. Standzeit.	Gefrieren nicht unbedingt erforderlich, aber wegen geringen Austrocknens empfehlenswert.
Beutel, Folie, extra-starke Alufolie.	Gefroren im Backofen bei 50 °C kurz aufbacken oder unter dem Grill erwärmen.	Tauen und erwärmen: bei 50 % 2×1½ Min. + 3 Min. Standzeit. Nicht abdecken. Papier unterlegen.	Nur wenn zuviel gebacken wurde, lohnend.

Gefriergut	Gefrier-eignung	Haltbarkeit in Monaten	Vorbereitung
Wein	nicht empfehlenswert		
Weintrauben	mäßig	12	Grüne Trauben sind ungeeignet. Blaue waschen, entstielen. Evtl. schälen, halbieren, entkernen. Besser als Traubensaft gefrieren.
Weiße Rübchen	sehr gut	12	Putzen, waschen, zerkleinern. In 5 l Wasser mit 2 g Ascorbinsäure 4 Min. blanchieren. Evtl. plattengefrieren.
Weißkohl, Filderkohl, Spitzkohl, Wirsing	sehr gut	12	Putzen, waschen, zerkleinern. In 5 l Wasser mit 2 g Ascorbinsäure 2 Min. blanchieren. Evtl. plattengefrieren.

Verpackung	Auftauen und Zubereitung	Mikrowelle	Bemerkungen
			Allenfalls Reste für Kochzwecke.
Gefrierdosen, Beutel in Gefrierdosen.	Für Fruchtbowlen, Süßspeisen, Obstsalate und Tortenbelag gefroren verwenden.	Tauen: bei 30 % 2×3 Min. + 3 Min. Standzeit. Drehen und wenden.	Meistens nicht lohnend. Trauben haben nicht genug Aroma und sind zu wasserhaltig.
Gefrierdosen, Beutel in Gefrierdosen, Beutel.	Gefroren für Suppen und Eintöpfe, kurz angetaut für Gemüse mit wenig Wasser oder Brühe im Topf auf dem Herd erhitzen und fertig garen.	Tauen und garen: bei 100 % 2×4 Min. + 5 Min. Standzeit. 3 EL Wasser zufügen.	Nicht unbedingt lohnend. Für Spezialitäten oder als Gemüse wie gewohnt verwerten.
Gefrierdosen, Beutel in Gefrierdosen, Beutel.	Für Salat gefroren in der Marinade tauen, zwischendurch mit der Gabel lockern. Sonst angetaut für Eintopf oder Gemüse mit wenig Flüssigkeit bei mäßiger Hitze erwärmen, fertig garen und abschmecken.	Tauen und garen: bei 100 % 2×5 Min. + 5 Min. Standzeit. 3 EL Wasser zufügen.	Nur bei reichlich Gefrierraum oder für Kleinsthaushalte empfehlenswert.

Gefriergut	Gefrier-eignung	Haltbarkeit in Monaten	Vorbereitung
Wild Gemse Hase Hirsch Kaninchen Reh Wildschwein	sehr gut	10—12	Fleisch gut abhängen lassen, aus der Decke schlagen, zerteilen. Nicht häuten oder spikken. Knochen nach Möglichkeit auslösen. Nicht zu große Braten schneiden. Kleinfleisch erst plattengefrieren.
Wildgeflügel Fasan Feldhuhn Rebhuhn Wildente	sehr gut	10—12	Ausbluten und reifen lassen. Rupfen, ausnehmen. Ohne Innereien verpacken. Knochenenden durch Folie schützen.
Wurst		1—2	Evtl. plattengefrieren. Bei Frischwurst Lagen mit Folie trennen. In familiengerechten Portionen verpacken.
Bratwurst	gut		
Frischwurst	mäßig		
Hartwurst	unnötig		
Weißwürste	sehr gut		
Wiener Würstchen	sehr gut		

Verpackung	Auftauen und Zubereitung	Mikrowelle	Bemerkungen
Folie, extra-starke Alufolie, Schlauchware, für Kleinfleisch Gefrierdosen.	Zugedeckt ohne Verpackung über Nacht im Kühlschrank auf umgekehrtem Teller tauen lassen. Oder in Essigbeize auftauen. Kleinfleisch kann angetaut verarbeitet werden.	Tauen: bei 30 % 2×4–6 Min. zugedeckt auf umgedrehtem Teller. Fleischsaft vernichten. Dünne Teile durch Alufolie schützen.	Verpackung möglichst vor dem Tauen entfernen. Innereien besser gesondert verpacken und gefrieren. Leber ist nicht gefriergeeignet. Fertiggerichte aus Gefrierware nur für kurze Zeit nochmals gefrieren.
Folie, extra-starke Alufolie, Beutel, Schlauchware.	Zugedeckt ohne Verpackung über Nacht im Kühlschrank auf umgekehrtem Teller tauen lassen, Fleischsaft fortgießen.	Tauen: bei 30 % 2×4–8 Min. zugedeckt auf umgedrehtem Teller. Fleischsaft vernichten! Dünne Teile durch Alufolie schützen.	Verpackung möglichst vor dem Tauen entfernen. Innereien vor dem Gefrieren verbrauchen. Fertiggerichte aus Gefrierware nur für kurze Zeit wieder einfrieren.
Beutel, Gefrierdosen, extra-starke Alufolie.	Zugedeckt im Kühlschrank tauen. Weiß- und Brühwürste gefroren im Wasser oder auf Kraut wie gewohnt erhitzen.	Wurst für Belag nicht empfehlenswert. Tauen und erhitzen: bei 50 % 2×5 Min. + 3 Min. Standzeit. In Schüssel mit heißem Wasser erhitzen. 1mal drehen und wenden.	Frische Leber- und Blutwürste werden grießig. Unbedingt bald nach dem Auftauen verzehren.

Gefriergut	Gefriereignung	Haltbarkeit in Monaten	Vorbereitung
Zitrusfrüchte		12	Meistens besser als Saft gefrieren. Ganze Zitronen einzeln in extra-starker Alufolie einwickeln. Für Obstsalate Zitrusfrüchte schälen und filetieren oder würfeln.
Grapefruit	mäßig		
Kumquats	sehr gut		
Limetten	gut		
Mandarinen	mäßig		
Orangen	mäßig		
Pampelmusen	mäßig		
Zitronen	gut		
Zitrussäfte	sehr gut	12	Große Mengen mit der Maschine auspressen. Nach Belieben durchsieben. Zuckerzusatz meistens unnötig.
Grapefruitsaft			
Orangensaft			
Zitronensaft			
Zucchini	sehr gut	8	Putzen, waschen, zerkleinern. In 5 l Wasser 3 Min. blanchieren. Evtl. plattengefrieren.

Verpackung	Auftauen und Zubereitung	Mikrowelle	Bemerkungen
Zitronen in Alufolie wickeln. Gefrierdosen oder Beutel in Gefrierdosen, Beutel.	Zitronen in gefrorenem Zustand abreiben. Sonst im Kühlschrank oder in der Küche an- oder auftauen. Für Obstsalate und Süßspeisen gefroren verwenden.	Tauen: je Frucht bei 30 % 1 Min. + 5 Min. Standzeit.	Ungespritzte Früchte von Urlaubsreisen konservieren! Gefrorene Zitrusfrüchte lassen sich hervorragend abreiben. Zum Auspressen ½ Min. im Mikrowellengerät erwärmen; dadurch besonders saftergiebig.
Gefrierdosen, kleine Flaschen mit weiten Öffnungen, Portionsgläser. Mit Gefrierfolie oder Plastikdeckeln abdekken. Zitronensaft erst in Eiswürfelbehälter, dann in Dosen oder Beuteln.	Einzelportionen abends zuvor zugedeckt im Kühlschrank tauen lassen. Größere Mengen in der Küche auftauen. Vor Genuß umrühren! Zitronensaftwürfel gefroren in Erfrischungsgetränke geben. Industriesaft-Konzentrate gefroren mit Wasser vermischen.	Tauen: bei 30 % 2 Min. + 2 Min. Standzeit.	Wochenvorrat einmal portionsweise zubereiten bedeutet wesentliche Arbeitsersparnis. Sonderangebote nutzen. Höherer Vitaminanteil als Industrieware. Fruchtsäure greift Alufolie an.
Gefrierdosen, Beutel in Gefrierdosen, Beutel.	Gefroren für Suppen und Eintöpfe, kurz angetaut für Gemüse mit wenig Wasser oder Brühe im Topf auf dem Herd erhitzen und fertig garen.	Tauen und garen: bei 100 % 2×4 Min. + 5 Min. Standzeit. 3 EL Wasser zufügen.	Wie gewohnt, aber nur knapp garen. Als Salat, Pfannengemüse, mediterrane Gemüsemischung oder zu Aufläufen verwerten.

Gefriergut	Gefrier-eignung	Haltbarkeit in Monaten	Vorbereitung
Zuckererbsen/ Zuckerschoten	sehr gut	12	Putzen, waschen, zerkleinern. In 5 l Wasser 2 Min. blanchieren. Evtl. plattengefrieren.
Zunge		8	Zunge häuten und schneiden. In familiengerechten Portionen verpacken. Gegart rationeller.
gekocht	sehr gut		
roh	sehr gut		
Zwiebeln, Schalotten	sehr gut	2	Putzen, waschen, zerkleinern. Evtl. plattengefrieren.

Verpackung	Auftauen und Zubereitung	Mikrowelle	Bemerkungen
Gefrierdosen, Beutel in Gefrierdosen, Beutel.	Gefroren für Suppen und Eintöpfe, kurz angetaut für Gemüse mit wenig Wasser oder Brühe im Topf auf dem Herd erhitzen und fertig garen.	Tauen und garen: bei 100 % 2×2–3 Min. + 5 Min. Standzeit. 3 EL Wasser zufügen.	Ideales Gefriergemüse. Für Salat, Suppe, Gemüsemischungen verwerten.
Gefrierdosen, Beutel in Gefrierdosen. Rohe Zunge auch in Folie, extra-starke Alufolie.	Ohne Verpackung im Kühlschrank, in der Küche oder mit Sud im Topf.	Tauen: bei 30 % 2×2 Min. Zwischendurch Stükke voneinander trennen und wenden.	Gegarte Zunge ist wesentliche Arbeitsersparnis. Mit Sud bedecken. Falls mit Sauce, diese schwach würzen, nicht binden.
Gefrierdosen, Beutel, Gläser mit Kunststoffschraubdeckeln.	Gefroren für Salatsaucen oder zum Kochen verwenden.	Nicht empfehlenswert.	Feingewürfelt oder in Ringe gehobelt ideal für die schnelle Küche. Arbeitsersparnis.

Register